책의 역사

부길만 저

일진사

책머리에

　이 책은 세계 출판의 역사 또는 책을 통한 인류 문화의 역사를 서구인의 관점에 머물지 않고 아시아인의 시각 나아가 세계인의 눈으로 살펴보려는 것이다. 이런 관점에서 인쇄·출판 분야에서 중요한 성취를 보여준 한국인의 역할도 함께 담아내고 있다.

　책의 역사 연구는 기획 및 저술, 편집 및 장정, 상업 유통, 국제 교류 등 다양한 측면에서 가능한데, 이 책에서는 정보 기술의 발달에 따른 변화를 중심으로 살핀다. 구체적으로 말하자면, 대량 복제 수단을 활용하기 이전인 필사본 문화, 최초의 복제 기술에 해당되는 목판 인쇄, 고려의 금속활자와 유럽의 활판인쇄, 전자 출판 등 각 단계마다 독특하게 전개되어간 도서출판의 변화 양상을 사회사적으로 고찰한다. 여기에서 사회사적 고찰이란 서적 문화의 전개 양상을 시대 상황과의 상호 연계 속에서 살피는 것이다.

　도서의 출판 과정은 기획, 제작, 유통의 3단계로 나누어 볼 수 있지만, 어느 단계에서도 책의 문화적 성격을 소홀히 해서는 안 될 것이다. 출판 역사 연구에서도 책의 문화적 성격 또는 출판을 가능케 하는 문화 의식을 중시해야 할 것이다.

　다시 말하면, 이 책은 서적문화의 세계사적 전개과정을 정보기술의 발달에 의거하여 살피되, 첫째 아시아를 포함한 세계인의 보편적 시각, 둘째 사회사적 고찰, 셋째 문화 의식의 강조라는 세 가지 관점에서 서술하는 것이다. 아울러 청소년들도 이해할 수 있도록 쉬운 문장을 쓰고 관련 사진 자료를 가급적 많이 담을 수 있도록 노력하였다.

　전체가 7장으로 구성된 이 책의 제1장은 '출판 문화의 시작'으로서 고대의 필사 자료 및 종이의 발명과 전파를 설명한 다음, 중세 유럽의 필사본, 한국의 종교 경전 필사 작업을 검토하고, 필사 문화의 전통이 현대의 북아트 제작에서 되살아나고 있음을 확인한다. 아울러 인쇄의 기원으로 압인법, 날염, 탁본 등을 현대 문화와의 연계 속에서 조명한다.

　제2장은 목판 인쇄로서 한·중·일의 목판 인쇄 문화를 서술하는데, 특히 고려 대장경 조성의 문화사적 의의를 탐구한다. 아울러 뒤늦게 시작된 유럽의 다양한 목판 문화를 살핀다.

　제3장은 활판 인쇄인데, 한국 금속활자 발명의 배경과 원인을 기술의 발달에서가 아니라 문화 의식의 측면에서 찾아내고, 유럽의 활판 인쇄에서는 지난 1천 년 간 인류 최대의 발명으로 인정받고 있는 구텐베르크의 성과뿐만 아니라, 출판인으로 커다란 역할을 수행한 루터의 종교개혁도 함께 다룬다.

　제4장은 성서의 번역 출판으로서 종교개혁의 연장선상에서 살피는데, 위클리프, 루터, 윌리엄 틴들 등의 성서 번역 작업과 영국 흠정 영역 성서의 출판과 그 세계적 영향 등을 탐구한다.

　제5장은 산업혁명과 출판으로서 인쇄의 기계화, 새로운 독자층의 성장, 서적의 대량 생산과 출판의 기업화 등을 밝힌다.

　제6장은 저작권 제도로서 세계 최초의 저작권법, 저작권 제도의 확립과 작가의 위상 변화, 문화 향상과 바람직한 저작권 시스템 등을 살핀다.

　제7장은 전자 출판으로서 정보화 사회와의 연관 속에서 살펴본다. 아울러 하이퍼텍스트와 독서 및 컴퓨터 시대의 글쓰기를 분석하고, 전자 출판 시대 콘텐츠의 중요성과 문화의 힘을 강조한다.

　이 책은 지난 2006년 7월부터 2008년 1월까지 인쇄 전문잡지인 〈월간 PT〉(프린팅 트렌드)에 연재하였고, 2008년 계간 〈시와 문화〉(봄호 및 가을호)에 실은 것을 수정·보완한 것이다. 어려운 시기에 이 책의 출간을 흔쾌히 맡아 주신 일진사의 이정일 사장님과 아름다운 책이 되도록 애써 주신 편집부 직원 여러분에게 감사의 말씀을 전한다. 또한, 꾸준히 격려해 준 월간 PT의 이현진 기자에게 감사드린다.

2008년 12월　부길만

_차례

책머리에 ………………………………………………… 3

| 제1장 | 출판 문화의 시작

1. 종이의 발명과 전파 ……………………………… 10
2. 종이 발명 이전 책의 재료 ……………………… 13
3. 필사본 문화 ……………………………………… 24
   (1) 필사본의 시대 ……………………………… 24
   (2) 고대·중세 유럽의 필사본 ………………… 27
   (3) 한국의 종교 경전 필사 …………………… 30
   (4) 현대의 북아트 제작 ………………………… 32

4. 인쇄의 기원 ……………………………………… 32
   (1) 압인법 ………………………………………… 33
   (2) 날염 …………………………………………… 37
   (3) 탁본 …………………………………………… 39

| 제2장 | 목판 인쇄

1. 목판 인쇄술의 의의와 방법 …………………… 44
2. 목판 인쇄의 발달 ……………………………… 46
   (1) 목판 인쇄의 시작 …………………………… 46
   (2) 세계 최초의 목판본 무구정광대다라니경 … 49
   (3) 중국의 목판 인쇄 …………………………… 52
   (4) 고려의 팔만대장경 ………………………… 57
   (5) 유럽의 목판 인쇄 …………………………… 65

|제3장| 활판 인쇄

1. 활자 인쇄의 의의 ·· 72
2. 금속활자 이전의 활자 ·· 73
   (1) 교니활자 ·· 73
   (2) 목활자 ·· 75
3. 금속활자의 발명과 사용 ·· 78
   (1) 금속활자 발명의 역사적 의의 ································· 78
   (2) 조선의 금속활자 ·· 86
   (3) 조선의 출판 사업 ·· 91
4. 유럽의 활판 인쇄 ·· 99
   (1) 활판 인쇄술 등장의 의의 ··· 99
   (2) 구텐베르크의 생애와 작품 ······································ 100
   (3) 42행 성서 ·· 104
   (4) 활판 인쇄술의 전파 ·· 107
   (5) 인쇄술 등장 초기의 간행본 ····································· 111
   (6) 새로운 서적 시장의 형성 ··· 115
   (7) 인쇄술과 종교개혁 ·· 119

|제4장| 성서의 번역 출판

1. 로마 교회의 성서 해석 독점권을 무너뜨린 원전 번역 ··· 128
2. 미천한 사람들의 소박한 언어로 번역한 루터 성서 ··· 130
3. 교황을 우롱하는 목판화를 넣은 신약성서 ············· 133
4. 종교개혁과 성서 번역의 선구자 위클리프 ············· 135
5. 윌리엄 틴들의 성서 번역 ·· 140
6. 윌리엄 틴들 이후의 영어 성서 출판 ························· 144
7. 흠정 영역 성서의 출간과 그 영향 ···························· 147
8. 급속도로 늘어난 성서 번역 ·· 151

제5장 | 산업혁명과 출판

1. 산업혁명과 인쇄의 기계화 ·················· 154
2. 산업혁명기의 작가와 도서 시장 ·············· 157
3. 새로운 독자층의 성장 ····················· 159
4. 도서 대여 제도의 성공 ···················· 161
5. 서적의 대량 생산과 출판의 기업화 ··········· 163

제6장 | 저작권 제도의 성립과 발달

1. 세계 최초의 저작권법 탄생 ················· 166
2. 저작권 제도의 전파 ······················ 170
3. 저작권 제도의 확립과 작가의 위상 ············ 171
4. 문화 향상을 위한 적절한 저작권 시스템의 구축 ······ 174

제7장 | 정보화 사회와 전자 출판

1. 전자 출판의 역사적 의의 ··················· 178
2. 전자 출판의 발전 단계 ···················· 180
3. 하이퍼텍스트와 독서 ····················· 181
4. 컴퓨터 시대의 글쓰기 ···················· 184
5. 전자 출판 시대와 문화의 힘 ················· 188

참고 문헌 ································ 189
찾아보기 ································ 198

제1장 출판 문화의 시작

1. 종이의 발명과 전파

'책' 하면 우리는 종이를 떠올린다. 물론 종이는 책뿐만 아니라 신문, 잡지 그리고 각종 홍보물이나 팸플릿의 재료로 가장 중요하고 또 널리 쓰인다. 국가 간의 문명 발달의 수준을 헤아리는 잣대로 종이 사용량을 제시하기도 한다. 이러한 사실은 정보 기술의 발달로 전자 메일이 오가고 있는 21세기에도 달라지지 않고 있다.

종이의 발명은 보통 서기 105년 중국 후한의 채륜(蔡倫)에 의해서였다고 전해진다. 후한 시대 궁정에서 상방령(물자 조달 업무를 담당하던 직책)으로 있던 채륜은 종이를 만들던 당시 백성들의 경험을 집대성하여 나무껍질, 낡은 천 조각, 물고기 그물을 원료로 종이 만드는 방법을 개발하였다. 채륜은 이 방법을 황제에게 알렸는데 이때부터 종이 제조 기술이 널리 보급되기 시작하였다.

그러나 1986년 3월 감숙성(甘肅省) 천수시(天水市)에서 중국 전한(前漢) 초기(기원전 176~기원전 141)의 것으로 추정되는 종이 지도가 출토됨으로써 종이의 발명은 최소한 기원전 2세기 이전으로 앞당겨지게 되었다.[1]

세계에서 최초로 만들어진 종이책은 진나라 때 진도(서기 233~297)가 베껴 쓴 『삼국지』라고 한다. 이 책은 1924년 중국 신강의 신선현에서 출토되었는데, 모두 80행이었고 글자 수로는 1,900여 자가 쓰여 있었다.[2]

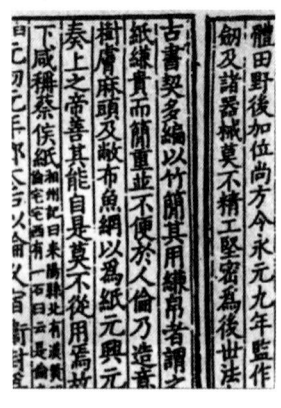

「후한서 채륜전」

---

1) 小宮英俊, 『紙の文化誌』, 東京 : 丸善株式會社, 1992, pp.20~22.
2) 남창송 책임 편집, 『중국의 세계 제일』, 연변 : 동북조선민족교육출판사, 1990, p.90.

한국에서 종이를 만들어 쓰기 시작한 시기는 아직까지 분명하지 않지만 대략 2~3세기 이후로 추정하고 있다. 그리고 보면, 한국 종이의 역사는 삼국 시대부터 시작된다. 국립 경주박물관에 보존되어 있는 범한다라니 1매가 신라 시대의 종이로 판명되었는데, 이것이 현존하는 가장 오래된 종이라고 한다.

그리고 『일본서기』의 기록에 의하면, 고구려의 담징이 610년에 종이 제조 기술을 일본에 전수하였다고 하는데, 그 이전에도 중국이나 한국의 귀화인들에 의해 종이 제조 기술이 전래되었다는 주장도 있다.

종이 제조 기술은 고려 시대에 더욱 발전하여 11세기 후반 이후부터는 중국에까지 종이가 수출되기에 이르렀다. 중국 송나라 상인들을 통하여 거래된 수출품 중에는 많은 백지와 송연묵(松烟墨)이 들어 있었다. 그 뒤 원나라에서도 고려 종이를 불교경전 발간 용지로 쓰려고 구해 갔으며, 어떤 때는 한 번에 10만 장이라는 막대한 양의 종이를 수입해 가기도 하였다. 고려 종이의 일반적인 품질을 보면 매우 질기며 두껍고, 앞뒤가 반질반질하여 양면을 다 필사하거나 인쇄하는 데 사용할 수 있었다.

한편, 종이 제조 기술이 서양에는 훨씬 늦게 전파되었다. 서기 751년 중국의 당나라와 사라센이 아시아의 패권을 놓고 중앙아시아 파미르고원에서 커다란 전쟁을 벌이게 되었다(이것을 '탈라스 전쟁'이라고 부른다. 이때 당나라 장수는 고구려 출신 고선지 장군이었다). 이 전쟁에서 중국이 패했지만, 포로로 잡힌 많은 당나라 군인들 중에 종이 제조 기술자들이 포함되어 있어, 그들이 아라비아인들에게 종이 만드는 기술을 전파하게 되었다. 그리하여 757년에 사마르칸트에 제지 공장이 생겼다. 당시 아라비아 지방에서는 기록의 재료로서 주로 양피지가 사용되고 있었으며, 이집트의 파피루스나 중국에서 수입된 종이가 조금씩 함께 사용되고 있었다. 그러다가 제지 공장의 건설로 인하여 귀하고 값비싼 종이를 아라비아에서 직접 생산하게 된 것이다.

서기 793년에는 페르시아의 바그다드에, 900년에는 이집트에, 11세기에는 아프리카의 북부와 지중해 연안에까지 제지 공장이 생겨났다. 유럽에서는 1150년 스페인에 처음으로 제지 공장이 생겨나면서 잇달아 전 유럽 지역으로 제지 기술이 퍼져나갔다. '종이의 천년 여행'이라는 말이 있는데, 이는 서기 105년 채륜의 종이 개발에서 1150년 스페인의 제지 공장 설립까지의 과정을 의미한다.

그러나 종이가 서구로 전래된 초기에는 별로 환영받지 못하였다. 13세기 초까지도 양피지가 아닌, 종이에 씌어진 문서는 법률로서 유효성이 없다는 황제의 명령이 나올 정도였다.[3] 유럽에서 종이 사용이 크게 활발해진 것은 인쇄술의 등장을 통해서였다. 종이는 인쇄술을 흥성시켰고, 인쇄술은 종이의 사용을 보편화시켰다.[4]

이러한 인쇄 용지의 사용이 보편화되면서, 대학 내부에 갇혀 있던 책들이 바깥으로 나오게 되었다.[5] 또한, 15세기 말부터 인쇄업자의 작업장은 그때까지 전혀 모임을 가질 기회가 없었던 전문가들이 서로 만나 의견을 나누는 새로운 교류의 장소가 되었다.[6] 즉, 재정가들과 도매상들, 투자자, 인쇄 기계를 제조하고 보수할 기술자들, 삽화 작업을 할 미술가들, 텍스트의 작성과 교정을 담당할 작가와 지식인들, 그리고 책 제작을 맡게 될 장인들(식자공, 인쇄공, 제본공) 등이 한자리에 모이게 된 것이다.

인쇄 감독은 대개 유럽의 여러 나라에서 온 전문가들의 만남을 주선하

---

3) Douglas C. McMutrie, *The Book-the story of printing & bookmaking*, New York : Oxford University Press, 1957, p.67. 1221년 신성 로마제국 황제인 프리드리히 2세가 내린 칙령을 말한다.
4) 같은 책, p.68.
5) 피에르마르크 드 비아지 지음, 권명희 옮김, 『종이-일상의 놀라운 사건』, 시공사, 2006, p.61.
6) 새로운 교류의 장소에 대한 설명은 피에르마르크 드 비아지, 앞의 책, pp.61~62 참조.

면서, 자신의 계획과 관계하고 있는 다양한 계층들을 서로 조화시켜야 했다. 이처럼 종이를 매개로 하여 사상과 사회적 계급들, 그리고 국가들 사이에 오래도록 굳어졌던 대립 구조가 산산조각 나고 새로운 결합이 이루어지게 된 것이다.

이와 같이 서구 사회에 종이의 전래가 끼친 커다란 영향력을 인식했던 역사학자 웰즈는 동양에서 건너온 종이가 인간의 정신을 해방시켰다고 칭송하며 이렇게 말한다.[7]

"인쇄술의 발명으로 인하여 세계 도처에 성서가 헤아릴 수 없이 많아졌다. 교과서의 값을 싸게 하고, 독서술이 급속도로 널리 퍼졌다. …… 독서가 수월해짐으로써 독서 인구가 더 늘어났다. 이제 책은 더 이상 장식품이나 학자들만의 신비로운 전용물이 아니었다. 사람들은 보통 사람들까지도 볼 수 있고 읽을 수 있는 책을 쓰기 시작했다."

결론적으로, 인류의 역사에서 종이의 발명과 전파는 인쇄술의 등장과 함께 책값을 싸게 하고 교육을 널리 확산시켰으며, 근대 세계를 형성하는 데에 커다란 역할을 하였다고 말할 수 있다.

2. 종이 발명 이전 책의 재료

종이가 발명되기 이전, 인류는 무엇으로 책을 만들었을까? 무엇에다 글자나 그림을 나타냈을까? 그 재료를 살펴보면 거북의 등, 짐승의 뼈, 돌, 쇠붙이, 흙, 나무, 파피루스, 양이나 송아지의 가죽 등 매우 다양하다. 하나하나 살펴보기로 하자.

첫째, 갑골(甲骨) 곧 거북의 등[龜甲]과 짐승의 뼈[獸骨]이다.

---

7) H. G. Wells, *The Outline of History*, London : Cassel & Company Ltd., 1956, p.744.

기원전 1200년 이전 중국 은나라 때 사람들은 거북의 등과 짐승의 뼈(대부분 소 특히 물소의 뼈이고 그밖에 소수의 사슴, 양, 말의 뼈가 있음)로 제사를 지내고 그 위에 글자를 새겼다. 이것을 '갑골문자'라 부른다. 갑골 위에 글자를 새긴 이유는 주로 점복(占卜)을 위해서였다. 점치는 방법은 뼈의 한 면을 불로 지져 뒷면에 갈라지는 무늬[兆紋]를 보고 길흉을 판정하는 것이다.[8] 이 갑골문자 중에 가장 보편적인 것은 제사, 전쟁, 수렵, 여행, 질병, 풍우, 길흉, 그밖에 신령 및 자연 현상에 관한 것과 인사(人事)와 관련된 기록이었다.[9]

갑골문자가 발견된 것은 그리 오래되지 않다. 19세기 말엽 중국 안양(安陽)에서 농민들이 우연히 땅 속에서 발견하였는데, 뒤에 골동 상인들이 이를 알고 북경과 천진(天津) 일대를 전매하였으며, 1899년에 왕의영(王懿榮)이 그것이 고대 유물임을 알고 높은 값으로 사들이게 됨으로써 세상에 알려지게 되었다고 한다.[10] 다시 말하면 갑골문자는 왕의영이 1899년

고대 이집트의 상형문자로 새겨진 바위

---

8) 董作賓, 지음, 이형구 옮김,『갑골학 60년』, 민음사, 1993, p.14.
9) 錢存訓 저, 김윤자 역,『中國古代書史』, 동문선, 1993. p.36.
10) 吳浩坤・潘悠 지음, 양동숙 옮김,『중국갑골학사』, 동문선, 2002, p.50

최초로 발견했다고 말할 수 있다. 그 후로도 갑골이 많이 발굴되었고, 여러 학자들이 연구함으로써, 갑골문자가 중국 한자의 기원임이 밝혀지게 되었다.

둘째, 돌과 쇠붙이이다.

이집트에서는 돌에 글자를 새겼다. 고대 이집트의 사원 입구에는 하나의 거대한 암석으로 만든 뾰족 기둥을 세워 놓았는데, 기둥의 사면에는 주로 태양의 신에게 바치는 종교적 헌사나 왕의 생애를 찬양하는 내용을 담은 상형문자가 새겨져 있다. '오벨리스크'라고 불리는 이 기념비의 제작은 이집트 제4왕조(기원전 2613~기원전 2500) 때부터라고 하는데, 현재 남아 있는 것 중에 가장 오래된 것은 세소스트리스 1세(기원전 1971~기원전 1928) 재위 때 세워진 것이라고 한다.[11]

돌에 글자를 새긴 것으로는 한국의 경우도 고구려의 광개토왕릉비, 신라의 진흥왕 순수비같이 역사적 자료로서 중요한 가치를 지닌 것들이 많다. 또한 신라와 고려 시대의 탑과 비석도 한국의 불교 역사를 연구하는 데 귀중한 자료가 되고 있다.

옛날 사람들은 돌뿐만 아니라, 쇠붙이에도 글자를 새겼다. 돌과 쇠붙이

미트라다테스 2세 은화 (기원전 88~기원전 23)
[자료 : 국립중앙박물관 〈황금의 제국 페르시아〉]

---

11) 『브리태니커 세계대백과사전』, 한국브리태니커회사, 2001.

에 쓴 글이라 해서 '금석문(金石文)'이라 부른다. 이 금석문에는 위대한 인물의 공적이나 문학 작품이 들어 있다. 그 외에도 커다란 종, 화폐, 거울, 밥그릇 등에 새긴 것도 후세에까지 전해진다.

한국에서 쇠붙이로 만든 책으로는, 1965년 12월 전북 익산군 왕관리 5층 석탑에서, 금을 얇게 종이처럼 펴서 그 위에 목판으로 누른 『금강경』 17장이 발견된 것이 있다. 이 금판 불교경전은 고려 초에 만들어진 것으로 추정되는데, 글자의 크기가 0.6cm에서 0.7cm 가량 되며, 한 장에 세 줄 씩 아주 정교하고 뚜렷이 나타나 있다. 이 경전은 고려 시대 불교가 융성했음을 보여 준다. 이것은 다른 나라 책의 역사에서도 유례를 찾아보기 어려운 귀중한 유물이므로 특별히 관심이 집중되는 세계적인 화제의 책이라 할 수 있다.[12]

셋째, 점토판이다.

기원전 4000년경 메소포타미아에서는 흙(점토)을 빚어 책을 만들었다. 흙으로 기왓장을 만들듯이 널따란 판을 만들고, 그 위에다 나무나 상아 또는 금속의 끝을 뾰족하게 만든 펜 같은 것으로 그림이나 문자를 새긴 다음, 그것을 햇빛에 말리거나 불에 구워서 벽돌처럼 단단하게 만들었다. 이렇게 해서 완성된 것을 '점토판'이라고 한다.

당시 점토판에 씌어진 문자는 쐐기 모양의 자국을 찍었다 해서 '설

점토판

---

12) 안춘근, 『한국출판문화사대요』, 청림출판, 1987, pp.27~28.

형문자(楔形文字)'라 불렀다. 이 점토판은 큰 것은 25×15cm 정도이고 작은 것은 3×1.5cm로 다양했고, 형태도 직사각형만이 아니라 원형, 삼각형, 원추형 등으로 갖가지였다. 현대에도 바빌로니아와 아시리아의 고대 도시에서 발굴되고 있다. 점토판의 내용으로는 국가 기록, 법률, 조약 등에서부터 종교, 과학, 문학, 법정 소송, 계약서 등이 포함되어 있다. 특히 구약성서의 천지창조 이야기와 노아의 홍수에 관한 기록도 들어 있어 관심을 끈다.[13]

넷째, 죽간(竹簡, 대나무 조각)과 목독(木牘, 나무 조각)이다.

중국에서는 죽간이나 목독에 문자를 새기거나 붓으로 글씨를 쓰고 그것을 가죽 끈으로 엮어 책으로 만들었다. 중국에서 붓이 쓰이기 시작한 것은 기원전 225년경부터라고 한다. 붓은 처음에는 나뭇가지나 대나무 조각에 먹을 묻혀 글씨를 썼다. 그 뒤 그것이 불편하여 부드러운 짐승 털로 바뀐 것인데, 그 재료로 양, 여우, 토끼, 호랑이, 사슴, 산돼지, 족제비, 이리, 말 등의 털이 사용되었다고 한다.

대나무와 나무 조각은 종이의 발명에 앞서 약 2,000년 동안 보편적으로

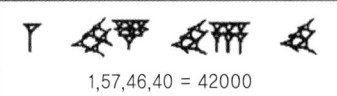

바빌로니아의 설형문자

---

13) 정필모·오동근 공저, 『도서관문화사』, 구미무역출판부, 1991, p.14 ; 庄司淺水, 『印刷文化史』(庄司淺水著作集 第五卷), 東京 : 出版ニュース社, 1980, p.21 ; 김세익, 『도서 인쇄 도서관사』, 종로서적출판주식회사, 1989, p.42.

사용된 책의 재료이다. 대나무는 재질이 치밀하고 견고하여 내구성이 강하면서 중량이 가벼워 가지고 다니기 쉽고 관리하기 편리할 뿐만 아니라, 도처에서 손쉽게 구할 수 있어 경제적이기 때문에 많이 사용되었다. 나무는 재질이 물러서 글씨가 번지고 중량이 무거워 관리가 불편한 것이 흠이지만, 폭과 길이가 넓고 긴 것이 장점이어서 호적, 지도 등을 필사하기에 적합하였다. 대나무를 책의 재료로 사용하고자 할 때, 먼저 대의 푸른 색깔을 불에 쪼여 없애고 즙액을 빼서 글씨가 잘 써지게 하고 또한 벌레가 먹거나 썩지 않고 오래 보존될 수 있도록 하였다. 나무 조각은 표면을 곱고 반드럽게 하여 충분히 건조시켜 뒤틀리거나 쪼개지지 않도록 한 다음 필사하였다.[14]

　책의 한자어(册)는 대나무나 나무 조각에 글자를 써서 엮은 모양을 나타내고 있다(𠕋 → 册). 고사성어에 위편삼절(韋編三絶)이란 말이 있다. '위편'은 책을 꿰어 매는 가죽 끈이고 '삼절'은 세 번 끊어졌다는 뜻이다.

현대에 재현한 고대 중국의 죽간

---

14) 죽간목독의 재질에 대한 것은 천혜봉, 『한국서지학』, 민음사, 1991, p.70 참조.

즉 공자가 죽간목독을 가죽으로 엮어 만든 『주역』이란 책을 3,000번 읽는 동안 가죽 끈이 세 번이나 끊어졌다는 데에서 유래된 말이다(이 말은 오늘날 독서를 많이 한다는 의미로 쓰인다).

　중국의 위대한 사상들을 담고 있는 시경, 서경, 제자백가의 저술 등이 모두 죽간목독으로 만들어진 서적이지만, 오늘날 많이 남아 있지 않고 무덤에서 발굴된 것들이 있을 뿐이다. 그 이유는 기원전 213년 진시황이 칙령을 내려 진 왕조의 서적이 아닌 것과 박사(博士)의 관직에 있지 않은 자가 소장한 시경과 서경, 제자백가의 책들을 불태웠기 때문이다. 이른바 분서 사건이다. 그런데 이 분서 사건 이후에는 오히려 문필 활동이 더욱 활발하게 일어났고, 공자 시대부터의 고전 문헌 가운데 남아 있는 것을 찾아내어 다시 발행함으로써 책의 공급을 보충하려고 노력했다.[15]

　다섯째, 파피루스(papyrus)이다.

　파피루스는 이집트의 나일강변에서 많이 자라던 갈대의 일종으로, 이집트뿐만 아니라, 고대 지중해 지역에서 필기 재료로 오늘날의 종이처럼 오랫동안 사용되었다. '종이'라는 뜻의 영어 'paper'도 이집트의 'papyrus'에서 나온 말이다.

　지금까지 알려진 가장 오래된 파피루스 책은 기원전 3500년경, 미라의 상자에서 발견된 것이다. 그리고 가장 늦게 사용된 파피루스 문서는 서기 1022년의 교황칙서이다. 물론 이때는 양피지가 쓰인 지 오래되었고 또 유럽에서 종이가 일반적으로 쓰이기 직전이었다. 그리고 보면 파피루스가 인류 문화에 끼친 영향이 얼마나 막대한지 알 만하다. 아마도 거의 5,000년 동안 인류의 필요에 부응한 셈이라 할 수 있다.[16]

　그러나 오늘날 우리가 생각할 때, 기록을 보존하기 위한 재료로 보면 파

---

15) 정필모·오동근 공저, 앞의 책, p.19.
16) Douglas C. McMurtrie, *The Book*, New York : Oxford Uni. Press, 1957, pp.13~16.

피루스는 결코 만족스럽지 못했다. 우선 글자를 쓰는 동안 구멍이 뚫릴 위험이 있었다. 또한 습기와 물에 너무 약했고, 반면에 마르고 나면 부서지기 쉬웠다. 이처럼 보존성이 약했기 때문에 특수한 조건 속에 있던 파피루스만이 남아 있다고 한다. 즉 미라의 상자 속이나 오지의 건조한 사막 속에서 발견되고 있는 것이다.

또한 파피루스는 휘기 쉬운 재료이기 때문에 책의 형태도 자연히 두루마기처럼 둘둘 말았다가 펼치면서 읽는 모양이 되었다. 당시 이집트인들이 파피루스에 쓴 필기도구는 펜과 붓의 중간쯤 되는 것이었다. 갈대의 끝을 씹어서 섬유질을 풀리게 하여 부드러운 술을 만들었을 것으로 짐작된다. 그것으로 쓰면 파피루스 위에 붓으로 쓴 것과 같은 효과를 냈을 것이다(끝이 갈라진 펜이 등장한 것은 양피지가 나오고 나서부터였다).

이집트의 파피루스는 기원전 7세기에 그리스에 처음 전해졌고 이후 수출이 계속 늘어나서 기원전 5세기에는 파피루스의 사용이 그리스에서 일반화된 것으로 보인다.[17] 이후 파피루스는 유럽에서 책의 가장 보편적인 재료로 통용되었다.

그리스인들은 파피루스를 '비블로스(byblos)'라고 불렀는데, 이것은 파피루스의 수출 중심지인 페니키아의 도시 비블루스의 이름을 딴 것이다. 여기서 그리스어에서 책을 가리키는 말 '비블리온(biblion)'이 나왔으며, 영어에서 '진정한 책'이라는 뜻을 가진 '성경(bible)'은 '비블리온'에서 나온 것이다.[18]

이집트어로 된 파피루스 책은 주로 피라미드 등 왕조의 고분에서 출토되었는데, 왕조의 연대록, 수학, 의학, 종교, 시문, 민간 문학 등 다양한 내

---

17) Svend Dahl, *History of the Book*, Metuchen, N.J. : The Scarecrow Press Inc., 1968, p.18.
18) 헨리 페트로스키 지음, 정영목 옮김, 『서가에 꽂힌 책』, 지호, 2001, p.61.

용을 담고 있어 고대 이집트를 연구하는 데 귀중한 자료가 된다. 그 중 유명한 것은 『사자(死者)의 서(書)』인데, 기원전 1250년경의 것으로 추정된다. 이것은 죽은 사람과 함께 매장되는 파피루스 두루마리 책인데, 죽은 사람이 안전하게 내세에 갈 수 있도록 안내해 주는 내용을 담고 있다.

그리스어로 된 파피루스 문서 또는 유명한 문학 작품은 물론 법령, 징세 관계, 결혼 계약서, 각종 편지 등이 있다. 이러한 파피루스 책의 출현은 이후 고전학 연구의 활성화에 기여하였다.

현대에 재현한 고대 이집트의 파피루스

파피루스 용지는 24×15cm 정도의 크기가 보통이며, 그 밖에 여러 종류가 있다. 책의 경우는 20매씩 잇대어 붙여서 한 권으로 시판하였는데, 가장 긴 것은 890cm나 되었다고 한다. 고대 중세를 통하여 가장 큰 도서관이 있었던 알렉산드리아 도서관은 70만 권의 파피루스 책을 소장하고 있었다. 알렉산드리아 시는 당시 문화의 중심지로서 많은 학자들이 모여 살았고 거대한 파피루스 공장과 수많은 필사생들이 있어서 많은 책들이 출간되었다. 말하자면, 알렉산드리아는 세계 출판의 중심지였고 학문의 본산이었다.[19]

여섯째, 양피지이다.

양피지가 책의 재료로 본격적으로 개발된 것은 기원전 2세기경이었다. 그리스의 페르가몬 왕국을 통치했던 에우메네스 왕은 알렉산드리아 도서관 못지않은 도서관을 세우기 위해 파피루스를 수입하려 했다. 그러나 이집트의 프톨레마이오스 왕은 재료 수출을 허락하지 않았다. 그러자 에우메네스 왕은 단념하지 않고 양의 가죽을 부드럽고 얇게 가공하여 파피루스 대신 사용하게 하였다고 한다.[20]

물론 양피지의 최초 사용은 이보다 훨씬 앞선 기원전 500년경으로 잡고 있다. 3~4세기경에는 그 가공 기술이 매우 발달하여, 4세기부터는 양피지가 유럽에서 독점적 지위를 누렸다. 그러나 중국에서 종이가 전래된 후 양피지는 책의 제본이나 장식에 주로 쓰이게 되었다.

양피지는 파피루스와 달리 질기고 튼튼하여 오래 보존하기에 좋았다. 양피지를 만들 때는 먼저 양의 가죽에 있는 털과 고기를 벗겨내기 위해서 돌로 문질러서 곱게 다져야 한다. 이 작업을 잘해야 좋은 질의 양피지가 만들어지고 잉크도 잘 받고 벌레도 먹지 않으며 오랫동안 보존된다고 한

---

[19] 김세익, 『세계 출판의 역사』, 『세계의 출판』, 한국 언론연구원, 1991, p.22.
[20] 헨리 페트로스키, 앞의 책, p.62.

다. 이렇듯 양피지는 책을 만들기에 좋은 재료이지만, 한 마리의 양을 잡아야 용지로 쓸 수 있는 분량은 얼마 되지 않아서 책 한 권을 만드는 데 비용과 노력이 너무 많이 들었다.[21]

따라서 양피지는 파피루스와 비교할 때 값이 비싸고 재료도 한정될 수밖에 없었다. 양피지본 성경 한 권을 만들기 위해서는 양 170마리가 필요했다고 하니, 당시의 책값은 현재와 비교할 수 없을 정도로 비쌌을 것이다. 그 대신 한번 정성들여 만든 책은 다른 어떤 재료를 쓴 것보다도 튼튼했다. 그리고 여러 가지 장식을 달아 아름답게 만들었기 때문에 양피지로 만든 책은 도서관 밖으로 들고 나갈 수 없도록 쇠줄을 달아 놓는 관례가 생기기도 했다. 또한 양피지로 만든 책이면 무조건 귀중한 책으로 여기는 습관도 생겼다.[22]

양피지로 만든 책은 그 형태가 파피루스로 만든 책과는 달라지게 되었다. 파피루스 책이 둘둘 말았다가 펼쳐서 보는 두루마리 책 형태인 데 비해서, 양피지 책은 현재의 종이책과 같은 '책자본'의 형태로 바뀌었다.

파피루스 두루마리 책이 양피지 책자본으로 전환하는 과정은 2세기에서 5세기까지 약 300년 동안에 걸쳐 이루어지는데, 그 때까지 2,000년 이상의 역사를 가진 파피루스 두루마리 책이 서서히 자취를 감추고, 읽기에 보다 편리한 양피지 책자본으로 변모했으며 그 과도기에는 파피루스 책자본도 더러 만들어졌다.[23]

책의 재료 또는 필기 재료로 쓰인 것은 위에서 설명한 여섯 가지 외에도 나무껍질과 나뭇잎, 밀판, 비단 등 여러 가지가 있지만 자세한 설명은 생

---

21) 안춘근, 앞의 책, p.34.
22) 같은 책.
23) 김세익, 『세계 출판의 역사』, p.23.

략하기로 한다. 이런 모든 재료들은 종이가 등장하면서 거의 쓰이지 않게 되었다. 그러나 장식용 표지나 장정을 위해 가죽이나 천이 쓰이는 것은 오늘날까지도 이어지고 있다.

 정보 사회라 일컬어지는 오늘날 책의 재료는 종이에서 컴퓨터 디스켓이나 CD로 바뀌어가고 있다. 디스켓은 따지고 보면 자석용 쇠붙이라 할 수 있다. 어느 의미에서 고대에 쓰이던 쇠붙이가 다시 책의 재료가 된 것이라 볼 수도 있다. 책의 재료로 CD가 출현하면서 그 형태가 엄청나게 압축되어, 이제는 백과사전 한 질의 내용이 CD 한 장에 들어갈 수 있게 되었다.

3. 필사본 문화

(1) 필사본의 시대

 오늘날 책이라고 하면 종이에 인쇄한 것을 연상하지만, 실제로 책은 인쇄술이 나오기 훨씬 전부터 있어 왔다. 예를 들면, 서양의 경우 철학의 시조로 일컬어지는 플라톤이나 아리스토텔레스의 저서와 그리스 문학 작품을 비롯하여, 15세기 중엽 구텐베르크가 인쇄술을 개발하기 이전에 나온 거의 모든 책은 사실상 손으로 쓴 것들이었다. 성경은 물론 단테의 『신곡』, 보카치오의 『데카메론』 등 르네상스 초기까지의 모든 저술은 필사본이었다.

 동양의 경우도 중국에서 목판 인쇄술이 발명된 7, 8세기 이전까지의 저술은 모두 손으로 쓴 책들이었다. 오랫동안 동양 사회 규범의 근본으로 생각되는 공자, 맹자 등의 유학 서적은 물론, 『노자』, 『장자』, 『주역』, 사마천의 『사기』, 『삼국지』, 『서유기』, 『수호지』 등 동양 고전들이 모두 손으로 쓴 것들이다. 그 외에 인도나 이집트의 고대 저술들도 마찬가지이다.

이들 서적들은 앞에서 보았듯이 종이뿐만 아니라, 거북의 등이나 점토판, 대나무 조각, 파피루스, 양피지 따위에 써서 전해 내려온 것들도 많이 있다.

한국의 경우도 목판 인쇄술을 받아들이기 이전의 책들은 모두 손으로 쓴 것들이다. 불경이나 유교 경전 외에도 김부식의 『삼국사기』, 일연의 『삼국유사』 등은 말할 것도 없고 『조선왕조실록』의 초기 부분도 필사한 것이다.[24] 조선조 중기 이후에는 부녀자층 독자들에게 책을 대여해 주기 위하여 소설책 등을 만들었는데, 이때도 필사본이 상당수를 차지했다.

보카치오의 『데카메론』 (1492년 목판)
[자료 : Medieval Folklore: An Encyclopedia of Myths, Legends, Tales, Beliefs, and Customs]

---

24) 태조, 정종, 태종까지의 실록은 필사하여 만들었고, 1466(세조12)년 양성지가 올린 건의에 따라 세종실록부터 금속활자로 인쇄하기 시작하였다(김두종, 『한국고인쇄기술사』, 탐구당, 1992, p.191 ; 이성무, 『조선왕조실록 어떤 책인가』, 동방미디어, 2000, pp.192~193 참조).

이렇게 보면 책의 역사는 필사본에서 시작되어 오랫동안 이어져 왔음을 알 수 있다. 책의 등장은 인간의 정신이 시간과 공간을 정복하는 계기를 만들었다. 이것을 좀 더 설명해 보자.[25]

말은 사라지나 기록은 남는다. 글자와 기록이 있음으로 해서 후세에까지 시간을 뛰어넘어 인간의 정신이 전달된다. 그리고 그 기록이 돌로 된 비석이나 탑에 새겨 있지 않

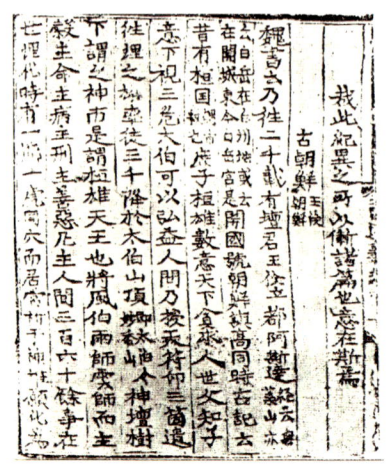

『삼국유사』

고 파피루스, 양피지, 종이 등에 옮겨져 책으로 만들어지면 공간까지도 뛰어넘게 된다. 석공이 혼자 돌에 글자를 새기던 시대에도 문학 작품은 있었으나 책은 없었다. 왜냐 하면, 당시에 기록된 자료에는 본질적인 특성, 곧 이동성이 결여되어 있었기 때문이다. 결국 책의 등장으로 인류는 비로소 시공간의 한계를 뛰어넘을 수 있었다.

물론 그렇다고 해도 역사적으로 구두 전승과 문자 기록 사이에 시간적인 단절은 없다. 그 둘은 상호 교류했으며 인류 역사의 오랜 기간 동안 이 두 과정은 함께 있어 왔다.[26] 그런데 같은 문자 기록의 시대라 해도, 손으로 쓴 책의 시대와 인쇄된 책의 시대는 확연히 달라진다. 인쇄는 대량 생산의 출발로서 기계적 작업이라 할 수 있지만, 손으로 필사하는 작업은 당사자 개인의 육체적 지적 노동이 그대로 배어나는 작업이다.

또한 모든 기록을 필사에 의존했던 시대에는 지식의 폭넓은 공유는 불

---

25) 에스까르삐 저, 임문영 역, 『책의 혁명』, 보성사, 1985, p.17.
26) 川田順造, 『無文字社會の歷史』, 東京 : 岩波書店, 1990, p.18.

가능했다. 극소수의 성직자와 지식인 계층은 자신들의 기득권과 우월성을 유지하기 위해, 필사본을 상하지 않게 보존해야 한다는 구실을 내세워, 모든 지식을 비밀로 전수하며 지식의 공유를 막았다.

(2) 고대·중세 유럽의 필사본

그리스 로마 시대에는 도시 문명의 발달과 함께 서적 곧 필사본의 생산이 행해졌다. 그 방법은 노예들이 책 한 권을 여러 번 베껴 쓰거나, 한 사람이 큰 소리로 낭독하면 그것을 여러 사람이 받아쓰는 것이었다. 이렇게 하여 기원전 5세기에 이미 아테네에 출판사와 서점이 있었다고 한다.

앞 장에서 살펴보았듯이, 특히 알렉산드리아는 파피루스 책을 70만 권이나 소장한 도서관을 갖추고 있어서, 고대 세계의 문화적 중추 역할을 했다.

그렇지만 그때에도 독서는 일반 대중들에게까지 퍼지지 못했고, 일부의 귀족과 성직자 계층으로 제한되어 있었다. 그런데도 로마 역대 황제들의 도서관 건립은 하나의 습관이 되었고, 공공 도서관뿐만 아니라, 사설(私設) 문고도 많았다. 그러나 정도가 지나쳐서 철학자이자 시인이었던 세네카(기원전 4?~서기 65)는 읽지도 않고 허세로 책을 모으는 것을 비판했으며, 학문을 위해서가 아니라, 단지 장식용으로 책을 모으고 있다고 경고하기도 했다.[27]

로마 제국의 동서 분열(서기 395)과 서로마 제국의 멸망(서기 476) 후, 고대 그리스 로마 문화가 붕괴되고 중세에 들어서면서, 일찍이 수십 수백의 필경사들을 모아 융성을 과시했던 로마의 작업실은 폐쇄되었고 학문은 일부 귀족과 성직자들의 전유물이 되었다.[28] 당시에 학문은커녕 글을 쓸

---

27) 庄司淺水, 『本の五千年史』, 東京 : 東京書籍株式會社, 1989, p.68.
28) 같은 책, pp.69~70.

줄 아는 일반인도 거의 없었으며, 심지어 글을 모르는 국왕이 나올 정도였다. 당시 유럽에서 가장 강력한 군주였던 샤를마뉴(서기 742~814)도 문맹이었다. 그가 왕실 문서에 결재할 때에는 필경사가 마련해 준 서명하는 자리에다 십자 표시를 하는 것이 고작이었다고 한다.[29]

이처럼 중세 유럽 사회에서 문자를 쓰는 것은 오랫동안 성직자 계층에 국한되어 있었고, 따라서 책의 제작도 수도원에 의해 독점적으로 행해졌다고 한다. 커다란 수도원에는 필사실[30]이 있었는데, 수도사들은 이 곳에서 매일 일정한 시간에 성서를 베껴 쓰는 일에 종사했다. 그 일은 신의 영광을 가리기 위한 것이었다.

필사실은 매우 간소했다. 책상, 걸상, 잉크, 깃털 펜, 양피지, 선을 긋는 도구, 원본 받침대 등이 있었다. 그러나 여기에서 호화스러운 중세의 책들이 만들어졌다. 특히 책의 표지를 화려하게 만들었다. 표지는 나무판 위에 양이나 송아지 가죽 또는 고급 벨벳으로 장식했고, 더 고급스러운 책에는 귀금속이나 보석을 아로새겨 넣었다. 이러한 보석 장정은 제본사의 일이라기보다는 금은 세공사의 일이라고 할 수 있다.

당시 라틴어 성서를 번역했던 어느 신학자는 "너희들이 갖고 있는 책은 금은 보석으로 장식되어 있지만, 우리 주 예수는 벌거벗은 채 십자가에 매달리지 아니 했는가?"라고 당시 성서 장정의 호화스러움을 비판할 정도였다고 한다.[31]

필경사는 주로 양피지에 깃털 펜으로 베껴 쓰는데, 하루 평균 작업량은 가로 25~30cm, 세로 35~50cm쯤 되는 양피지 4페이지 분량 정도였다.[32] 필경 작업이 끝난 후에는 글자나 테두리를 장식하고 삽화를 그려 넣는 일

---

29) 조르주 장, 이종인 역, 『문자의 역사』, 시공사, 2001, p.74.
30) 필사실에 대한 설명은 庄司淺木, 앞의 책, pp.70~72 참조.
31) 庄司淺木, 앞의 책, pp.71~72.
32) 조르주 장, 앞의 책, p.83.

을 했다. 이것은 채식화가와 세밀화가의 영역이었는데, 각 단락과 장절(章節)의 두문자에다 도금 문자를 써 넣었을 뿐만 아니라, 꽃, 사람, 전원 풍경 등과 같은 생동하는 세밀화를 함께 그려 넣어 책의 품위를 높여 주었다.[33]

그러나 12세기 말에 이르러 교육 분야에 대한 교회의 독점적 통제력이 약화되면서, 다음과 같은 새로운 현상이 나타났다.[34] 즉, 수도사와 함께 일했던 세속 필경사들이 그들 나름대로 길드나 직인(職人) 조합을 만들었다. 그들은 새로 진출한 상공업 계층인 부르주아를 위해 공식 문서를 작성해 주었고 또 직접 책을 필사하기도 했다. 그 전까지 책의 출간은 귀족이나 성직자의 독점적인 영역이었다. 책 제작이라고 해야 귀족들을 위한 호화 장정본, 성직자용의 예배서나 신학서가 전부였다. 그러나 여기에 철학, 논리학, 수학, 천문학 등 새로운 분야의 출판이 추가되었고, 단테 같은 작가는 자국어로 글을 썼다.

이제 라틴어는 모르지만 교양 있는 독자층이 형성되었다. 이러한 새로운 수요에 맞추기 위해 필경 작업소가 늘어났고 책의 종류도 요리, 교육, 의학, 천문학, 심지어 연애 소설까지 다양해졌다. 책을 찾는 부유한 상인의 숫자는 계속 늘어났고 학생들도 새로운 고객으로 등장했다. 대학도 많이 설립되면서 권위 있는 교재를 베끼는 일거리가 많아졌고 이에 따라 필경사들은 많은 일거리를 맡게 되었다.

독일의 경우도 활판 인쇄술이 나오기 이전인 15세기 초기에는 인기 있는 독일어 필사본의 전문적인 제작과 배포가 시작되었는데, 이것은 특히 신앙 서적들이었고 그 외에도 교화 서적과 오락 서적들이었다. 이 서적들

---

33) 소피 카사뉴-브루케, 최애리 옮김, 『세상은 한 권의 책이었다』, 마티, 2006, p.25 ; 조르주 장, 앞의 책, p.85.
34) 조르주 장, 앞의 책, pp.87~90.

은 값비싼 호화본이 아니라, 평범한 종이 필사본들로 값도 비싸지 않고 여러 색깔의 그림으로 눈을 끄는 책들이었다.[35)]

　인쇄술 발명 초기의 인쇄물은 중세 필사본의 모습을 모방하였다. 초기 인쇄인들이 만든 활자도 그 당시 손으로 쓴 글자를 본뜬 모양을 하고 있었다. 구텐베르크 자신도 활자꼴을 디자인하기에 앞서 필사본을 연구하는 데 많은 시간을 들였다고 한다.[36)]

(3) 한국의 종교 경전 필사

　손으로 베껴 써서 책을 만드는 방법은 아무래도 시간과 비용이 많이 들고 엄청난 노동력이 필요했을 뿐만 아니라, 정확성에서 많은 문제점이 있었다. 필사자는 필사 당시의 정신적 혹은 육체적 피로에 따라 본의 아닌 잘못을 범하게 될 뿐만 아니라, 때로는 자신의 생각에 맞지 않는 원문(본

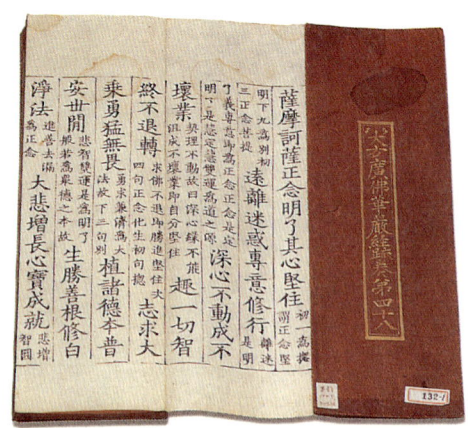

『대방광불화엄경』
[자료 : 청주고인쇄박물관 〈너나들이 직지〉]

---

35) Karl Schottenloher, tr. by William D. Boyd and Irmgard H. Wolfe, *Book and the Western World*, Jefferson, North Carolina, McFarland & Company Inc., 1989, p.94.
36) Albertine Gaur, *A History of Writing*, London : British Library, 1984, p.203.

문)을 자의적으로 고치기도 한다. 이러한 일들은 종교 서적에는 별로 없었지만, 오락적인 필사본에는 많이 나타났다고 한다.[37]

어느 사회에서든 종교 경전을 만드는 데 들이는 정성은 각별할 것이다. 한국 필사본 중에서도 신앙의 차원에서 정성들여 베껴 써서 만든 종교 경전을 사경(寫經)이라고 한다. 한국에서 이 사경을 만드는 데 바치는 정성은 옛날부터 참으로 지극하였다.

신라 경덕왕 13년(754) 8월에 착수하여 그 이듬해 2월에 완성한 『대방광불화엄경(大方廣佛華嚴經)』의 권말에 붙인 발문에는 사경 만드는 방법이 기록되어 있어 간략히 소개한다.[38]

○ 사경에 필요한 종이를 마련하기 위하여 닥나무를 재배하는데, 그 나무뿌리에 향수를 뿌려 정결하게 가꾸었으며 다 커지면 껍질을 벗겨 삶아 쪄서 사경에 사용할 종이를 만들었다. 이때 일하는 사람들은 모두 보살계를 받고 정성껏 종이를 만들었다.
○ 경전의 글자를 필사하거나 그림을 그리는 데 종사하는 이들은 모두 종이 만들 때와 같이 보살계를 받고 온갖 정성을 다하였다.
○ 사경 장소에 나갈 때는 의관을 정결하고 장엄하게 차렸다. 사경 작업에 참여할 사람들이 가는 길에 향수와 꽃을 뿌리게 하였다. 또한 한 법사로 하여금 향로를 받들어 인도하게 하고 필사(筆師)들은 각각 향화를 받들고 염불하면서 뒤를 따라 사경 장소에 이르게 하였다. 그리고 거기서 부처와 보살에 경전 등을 공양한 다음 자리에 올라 경전을 필사하였다.
○ 부처와 보살상을 그릴 때에도 위와 같이 하였다. 그림을 정교하고 세밀하고 장엄하게 꾸미는 데 온갖 정성을 바쳤다.

한국의 사경은 신라 때부터 이러한 과정과 의식 절차를 거쳐 엄숙하게 만들어졌기 때문에, 이들 사경이 오늘날까지 정신적으로는 물론 미술적으

---

37) 유탁일, 『한국 문헌학 연구』, 아세아문화사, 1989, p.5. 특히, 소설책 같은 경우는 필사자들이 자의로 줄거리를 고치는 일도 많이 일어났다.
38) 천혜봉, 『한국서지학』, 민음사, 1991, pp.114~115.

로도 매우 소중한 문화유산으로 평가되고 있다.[39]

(4) 현대의 북아트 제작

현대의 출판 문화는 고대, 중세의 필사본 문화와는 확연히 다를 것이다. 현대가 모든 독자들에게 열려 있는 출판의 시대라 한다면 고대·중세는 일부 귀족이나 성직자들을 위한 출판의 시대였다. 따라서 출판 행위도 고대, 중세가 소수 귀족을 위하여 호화 장정본을 수공예로 만들어내는 체제라면, 현대는 익명의 대중 독자를 위하여 표준화된 출판물을 기계적으로 대량 생산하는 체제이다. 그러나 최근에는 필사본의 전통을 잇는 흐름이 나타나고 있는데, 이것이 바로 북 아트 작업이다. 개인적으로 오래 간직하거나 친지들과 함께 돌려 보기 위한 책의 제작이다. 일반적인 출판물이 아니라, 독자적인 예술품으로서의 가치를 만들어내야 하는 것으로, 중세 출판 문화의 전통이 한쪽에서 되살아나고 있다는 인상을 받게 된다.

4. 인쇄의 기원

인류가 인쇄를 통하여 책을 만든 것은 언제부터일까? 그것은 대개 7~8세기쯤 중국에서 목판 인쇄 기술이 발달된 이후부터라고 한다. 그러나 인쇄와 비슷한 작업, 즉 같은 모양을 여러 장 만들어내는 일은 오래 전부터 있어 왔던 작업으로, 인류 문명의 시작과 거의 같은 시기에 생겨난 것으로 보인다. 이것을 인쇄라 부를 수는 없어도 인쇄의 싹이 돋아난 것이라 할 수 있다.

이러한 인쇄의 싹이 어떻게 돋아났는지에 대해서 첫째 압인법, 둘째 날염, 셋째 탁본의 세 가지로 나누어 살펴보고자 한다.

---

[39] 같은 책, p.115.

(1) 압인법

수천 년 전 인류는 둥글고 기다란 돌에 그림이나 글자를 튀어나오게 새겨 넣은 다음, 그 돌을 점토판 위에 대고 굴려서 돌에 새긴 모양이 찍히게 했다.

먼 옛날 이러한 원통 모양의 돌을 굴렸던 작업 방식은, 오늘날 신문을 찍어내는 윤전기의 인쇄 방식을 연상케 한다. 그렇다면 원통 모양의 돌은 윤전 인쇄기의 먼 조상이라 볼 수도 있겠다. 그러므로 종이 위에서 빠르게 돌아가는 현대의 윤전 인쇄기도 결국은 점토판 위에서 천천히 돌리던 고대의 원통형 돌과 같은 원리에 의한 것이라고 할 수 있을 것이다.[40]

그리고 원통형의 돌만이 아니라 사각형의 돌에 그림이나 글자를 새겨, 그것을 점토판이나 천 위에 눌러서 형상이 나타나게 했다. 이것이 오늘날의 도장으로 발전했으며, 이러한 방식을 '압인법'이라 한다.

이것은 기원전 5000년경에 메소포타미아에서 최초로 발명되었고, 그 후 이집트에서도 사용되었다고 한다. 그리고 인도의 인더스 지방에서 발생

페르시아 아케메네스 왕조 시기(기원전 559~기원전 330)의 원통형 인장
- 왕이 사자와 싸우는 장면

[자료 : 국립중앙박물관 〈황금의 제국 페르시아〉]

---

40) E. 그롤리에 저, 민병덕 역, 『도서 출판의 역사』, 을유문화사, 1984, p.28.

한 고대 인더스 문명에서도 도장을 사용한 것으로 알려져 있다.

고대 메소포타미아 사람들은 하늘의 신, 땅의 신, 태양신, 달의 신, 폭풍의 신 등 여러 신들을 섬겼는데, 그러한 신들의 형상을 원통형 돌에 새겨 넣었다. 그리고 자신들의 소유물을 표시하기 위하여 점토판 위에 특별한 형상을 찍어 사용하는 방법을 일찍부터 개발했다고 한다.

기원전 1800년경 메소포타미아의 바빌로니아 왕인 함무라비 때에 편찬하여 약 2.4m 높이의 돌기둥에 새겨 일반에게 널리 알린 함무라비 법전이 있다. 이 법전을 보면, 바빌로니아에서는 오래 전부터 상업과 수공업은 물론 부기와 신용 제도들이 매우 발달해 있었고, 제삼자에 대한 지불이나 고

은판에 새긴 페르시아 아케메네스 왕조의 다리우스 1세 명문판
[자료 : 국립중앙박물관 〈황금의 제국 페르시아〉]

객 상호 간의 채권 거래 등 상당히 복잡한 은행 업무가 행해지고 있었던 것을 알 수 있다.[41]

도장은 예로부터 개인 간의 거래에서 중요하게 사용되었는데, 그런 관습은 수천 년이 지난 오늘날까지도 그대로 이어지고 있다. 지금도 책을 만들 때 가끔씩 책의 끝부분에 붙이는 '인지'라는 조그만 딱지도, 저자가 도장을 찍어 그 도장의 주인이 책(내용)의 주인(저작권자)임을 알린다. 천 권이든 만 권이든 각 권마다 일일이 붙이는 이러한 관행은 수천 년 전의 도장 문화가 아직까지도 살아 있음을 보여 주는 것이다.

도장이 가장 발달된 나라는 중국이었다. 중국에서 도장이 발달되기 전에는 개인 간의 거래 계약이나 국가의 작위 수여에서 죽간을 사용하였다.[42]

거래 계약이 이루어지면, 그 내용을 죽간의 양 끝에 똑같이 두 번 써서, 죽간을 두 개로 나누어 계약자 두 사람이 하나씩 간직하였다가, 나중에 나뉜 끝 부분이 들어맞는 것으로 계약을 확인하였다. 이와 같은 방법으로 황제가 작위를 줄 때에도 그 증거가 되는 것은 반으로 나눈 옥편이었고, 다른 반쪽의 옥편은 궁중에서 보관하였다.

그러다가 중국을 통일한 진시황(재위 기원전 246~기원전 209) 시대에 제도와 사회 조직이 복잡해짐에 따라, 죽간과 옥을 두 개로 나누는 방식은 사라지고 대신 도장이 쓰이게 되었다.[43] 진시황은 옥으로 도장을 만들어 옥새로 불렀다 한다.

그런데 민간에서 도장을 사용하기 시작한 것은 진시황 때보다 훨씬 이

---

41) A. 하우저 저, 백낙청 역, 『문학과 예술의 사회사 - 고대·중세 편』, 창작과 비평사, 1977, p.58.
42) T. F. Carter 원저, L. C. Goodrich 개정, *The Invention of Printing in China and its Spread Westward*, 강순애·송일기 공역, 『인쇄문화사』, 아세아문화사, 1995, p.11.
43) 같은 책.

전인 상(商)나라 시대(기원전 18세기~기원전 11세기)로 보는 견해가 설득력이 있다. 그것은 중국 안양(安陽)에서 상나라 시대의 것으로 추정되는, 청동으로 만든 도장이 출토되었기 때문이다. 이 도장은 가로와 세로가 각각 2.5cm의 크기였고, 새 모양의 문양이 찍혀 있었다.[44]

한국에서는 언제부터 도장을 사용하게 되었는지 확실히 알 수 없지만, 『삼국사기』에 고구려 중신들이 신대왕(新大王)을 맞아들여 국새를 올려 바친 일, 신라 문무왕이 동인(銅印)을 만들어 각 지방에 나누어 준 일 등에 관한 기록이 나와 있어[45] 그 이전부터 사용된 것으로 짐작된다.

도장이 처음 발명되었을 때, 사람들은 문자가 처음 발명되었을 때와 마찬가지로 신성한 마력이 있는 것으로 생각하였다. 그 후 도장이 많은 사람들에게 보급되며 수천 년을 내려왔지만, 도장에 마력이 깃들어 있다는 생각은 완전히 사라지지 않고 있다. 오늘날까지도 은행이나 관공서에서 도장은 본인보다도 더 중요한 증명 수단으로 사용되고 있다.[46]

옛날에는 도장의 주술적인 면이 강조되었다. 이러한 것의 단적인 예로, 중국 진(晋)나라 때 갈홍(葛洪, 283~343?)이 쓴 저서 『포박자』를 보면 다음과 같은 이야기가 나온다.[47]

"옛 사람들은 산에 들어갈 때, 황신월장(黃神越章)이란 도장을 차고 갔다. 그 도장의 크기는 가로와 세로가 각각 4인치의 정사각형이고, 120개의 글자가 새겨져 있었다. 머무르는 곳에 이 도장을 찍으면, 호랑이가 감히 접근하지 못했다. …… 이 도장만 지니고 다니면 험한 산 속을 걸어간다 할지라도 호랑이나 이리 떼를 두려워할 필요가 없다. 뿐만 아니라 사악한

---

44) 錢存訓 저, 김윤자 역, 『중국고대서사』, 동문선, 1990, p.64.
45) 국립민속박물관 편저, 『한국의 印章』, 삼화인쇄주식회사, 1992, pp.190~191.
46) 藤枝晃, 『文字の文化史』, 東京 : 岩波書店, 1992, p.102.
47) T. F. Carter, 앞의 책, p.15 ; 갈홍 저, 석원태 역, 『신역 포박자 내편 2』, 서림문화사, 1995, p.219.

귀신이 재앙을 내리려고 하면 그 길목을 진흙으로 차단시키고 도장을 찍어 놓으면 다시는 얼씬하지 못한다."

　인도의 고대 인더스 문명을 세운 사람들이 사용하던 도장들도 현재까지 2,000여 개나 출토되었는데, 그 도장에는 당시 그들이 숭배했던 신의 모습이 새겨져 있다. 그 외에도 나무(특히 보리수), 물소, 외뿔소, 코끼리 등의 그림이 도장에 새겨져 있었는데, 이 모두가 당시 인도인들이 숭배했던 대상들이다.[48] 도장뿐만 아니라, 부적도 많이 출토되었다. 당시 인도인들은 귀신과 악령이 인간들을 해칠 수 있다고 믿었고, 따라서 이를 방지하기 위해서 부적을 사용했을 것으로 보고 있다.[49]

　도장에 쓰인 재료는 매우 다양한데, 종류별로 살펴보면 다음과 같다.[50]

　우선 광물류로는 금, 은, 동, 철 등의 금속은 물론 옥, 수정, 비취 등이 있다. 식물류로는 회양목, 배나무 등 결이 고운 나무와 대나무 뿌리, 등넝쿨이나 오래된 매화나무 뿌리 등이 있다. 동물류로는 상아, 소의 뿔, 소의 뼈 등이 있다. 그리고 최근에는 화학 물질의 발달로 인하여 플라스틱이 등장하기도 했으며, 돌, 바가지, 가죽 등 어느 것이나 도장의 재료로 쓰였다. 도장의 재질이 이처럼 여러 가지로 발달하고 다양하게 쓰였던 이유는, 귀한 재료와 아름답고 뛰어난 솜씨로 만들어진 도장은 곧 그 도장을 사용하는 주인의 품격을 나타낸다고 여겼기 때문이다.

(2) 날염

　옛날 사람들은 나무판에 그림이나 무늬를 새겨 넣어 그것에 염색 재료를 묻힌 다음, 천에 찍어서 색깔 있는 형상이 나타나게 했다. 이것은 염색

---

48) 람 샤란 샤르마 지음, 이광수 옮김, 『인도고대사』, 김영사, 1994, pp.79~82.
49) 같은 책, p.80.
50) 『한국민족문화 백과사전』 18, 한국정신문화연구원, 1999, p.524.

방법의 하나로서 '날염법'이라고 부른다. 이러한 방법은 인도에서 시작되어 페르시아, 이집트, 태국, 중국, 그리스 로마 등지로까지 널리 퍼졌다고 한다. 인도의 반누 지방에서는 날염 기구로 사용했던 형판(型版)이 발견되었는데, 2,000년 전의 것으로 추정되고 있다.[51]

　물론 이러한 염색은 옷감이 있었기 때문에 가능했을 것이다. 세계 역사에 나타난 가장 오래된 옷감은 기원전 3900년경에서 기원전 2980년경 사이의 것으로 마를 원료로 한 직물이었고, 그 원산지는 페르시아 만과 흑해 근처였다고 한다.[52]

　인도는 예로부터 땅이 비옥하여 목화가 일찍부터 재배되었고, 옷감 짜는 기술도 발달했다. 그리고 울긋불긋 화려한 색채로 옷감을 염색하는 방법을 생각해 낸 것이다. 이때 염색 재료는 과일, 꽃, 나무껍질, 뿌리 등 식물에서 주로 얻었다.

　인도인들은 색깔에도 큰 관심이 있었다. 고대부터 연금술이 발달함에 따라, 연금 기술자들은 서로 다른 금속의 불꽃 색깔을 관찰하였다. 그 결과 구리는 파란 불꽃, 주석은 비둘기색 불꽃, 철은 황갈색 불꽃을 낸다는 것을 알게 되었는데, 이런 연금술사들이 약초를 관찰하게 됨으로써, 염색 기술도 발달하게 되었다고 한다.[53]

　수천 년 전부터 시작된 인도의 염색 기술은 매우 뛰어나, 인도에서 만들어진 색은 광채가 많이 나고 오래도록 변하지 않는 것이어서, 2,000년 전에 그린 아잔타 석굴의 아름다운 벽화들은 지금까지도 보존되고 있어 현대인들의 경탄을 불러일으킨다.

　인도인들의 날염 기술은 처음에는 단순히 천에 아름답고 화려한 무늬를

---

51) 庄司淺水, 『印刷文化史』, (庄司淺水著作集 第五卷), 東京 : 出版 ニュース社, 1980, p.10.
52) 서재행, 『공예염색기법』, 미진사, 1991, p.43.
53) 반고지 편, 『인도의 전통과 변화』, 현음사, 1988, p.165.

나타내는 데만 사용되었으나, 나중에는 불상을 복제하는 일에 사용되었다.[54] 특히 종이의 발명 이후 날염 방식은 목판 인쇄 방식으로 발전되었는데, 이때 찍어낸 것은 불교 경전과 같은 종교적이거나 교훈적인 내용이 대부분을 차지하였다.[55]

(3) 탁본

앞에서 설명하였듯이 고대에 종이, 먹, 붓 등이 발명되지 않았을 때는 동양과 서양이 모두 그림이나 글자를 나타내는 재료로 돌을 사용하였다. '탁본'이란 바로 돌에 새겨진 그림이나 글자를 그대로 종이 위에 다시 옮겨 놓은 것으로서, 그 방법은 다음과 같다.

먼저 얇은 종이를 백반이나 풀물에 적셨다가 돌의 표면에 놓는다. 그 다음 부드러운 솔로 종이를 고르게 하고 다시 가볍게 두드려서 종이가 글자 속으로 들어가게 한다. 조금 기다려 종이가 마르면, 가느다란 천으로 싼 솜방망이에 먹물을 묻혀 종이 위를 골고루 두드린다. 그렇게 하면 돌에 새겨진 글자는 오목하게 들어갔기 때문에 먹물에 물들지 않아서, 종이의 흰색 그대로 나타나게 되고, 바탕은 검은색을 띠게 된다. 이렇게 하여 종이를 벗겨내면 돌에 새겨진 글자와 같은 모양을 얻게 되는 것이다.

사택지적비 탁본

이러한 방법이 언제부터 시작되었는지는 확실하지 않지만, 그 시기와

---

54) 『대한인쇄문화협회 50년사』, 대한인쇄문화협회, 1999, p.57.
55) 庄司淺水, 앞의 책, p.11.

활동상은 다음과 같이 추정한다.[56]

탁본은 무엇보다 얇은 종이가 만들어져야 가능하기 때문에, 일단 종이 발명 이후에 시작된 것으로 생각할 수 있다. 현재 남아 있는 탁본으로 가장 오래된 것은 서기 6세기의 것으로, 탁본 기술은 그보다 앞선 것으로 생각되고 있다.

중국의 역사 기록을 보면, 수나라(서기 581~618)의 황실 도서관에서 탁본한 것들을 상당량 소장하고 있었다고 한다. 그러고 보면 탁본의 기술은 수나라 이전부터 이어져 왔다고 볼 수 있다. 이러한 탁본 기술은 중국 당나라에서 더욱 발전하여, 궁궐 안에 탁본을 전문적으로 하는 탁본 기술자를 둘 정도였다고 한다.

유학의 발달과 함께 그 경전을 처음 쓴 내용과 똑같이 정확하게 오래도록 보존하고 알리기 위하여 그 내용을 돌에 새겼다. 성현들이 전해 준 경

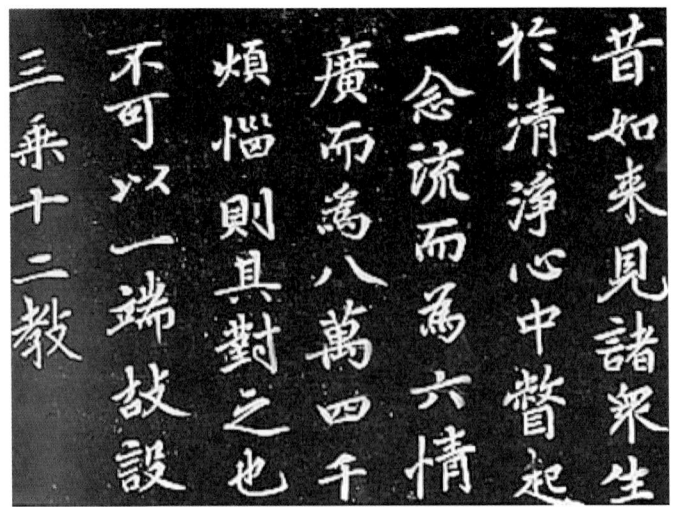

탄연의 『법어』 탁본

---

56) 錢存訓, 앞의 책, pp.93~94.

전은 손으로 베껴서 전했으며, 오랜 기간이 지나자 여러 사람들의 손을 거치게 되면서 원래의 모습과 달라지고 여러 형태의 경전들이 돌아다니게 되었다. 그러자 중국의 후한 시대인 175년에 채옹(蔡邕, 서기 133~192)이 당시 나돌던 육경(六經)을 교정하여 바로잡은 다음, 그것을 돌에 새겨서 최초로 '석경(石經)'[57]을 세웠다. 그러자 후세의 학자와 학생들이 모두 그것에 탁본을 뜨고 표준을 삼았다고 한다.

　이러한 탁본은 유학 경전은 물론 불교 경전이나 도덕경 같은 도교 경전 등에 대해서도 행해졌고, 중국에서 목판 인쇄술이 발달한 이후에도 표준 경전의 복사를 위해서 계속 시행되었다. 중국, 일본, 한국에서는 이러한 탁본이 오늘날까지도 일부에서 행해지고 있다.

---

57) 석경에 대한 설명은 T. F. Carter, 앞의 책, pp.19~20 참조.

제2장 목판 인쇄

1. 목판 인쇄술의 의의와 방법

도장을 점토판이나 종이 위에 눌러 찍는 방법은 본격적인 인쇄라 할 수 없을 것이다. 그러나 도장을 거꾸로 뒤집은 다음, 그 위에 종이를 올려놓고 솔로 문지르게 되면 전혀 새로운 복제 방법이 된다. 이 경우는 도장처럼 조그마한 형태뿐만이 아니라, 어떠한 크기도 인쇄할 수 있다. 이러한 새로운 인쇄 방식이 바로 목판 인쇄로, 인류가 발명한 최초의 인쇄술이다. 이때부터 인류는 손으로 일일이 베껴 써서 책을 만들던 방식에서 탈피하여, 인쇄를 통하여 한꺼번에 다량의 책을 만들 수 있는 시대로 들어서게 되었다.

문자나 그림을 정확하면서도 빠르게 복제할 수 있게 만들어 준 목판 인쇄술의 발명으로 도서의 대량 생산이 이루어졌다. 과거보다는 훨씬 더 많은 사람들이 싼 값으로 책을 구할 수 있게 되었고, 나아가 교육이 널리 보급되었으며, 사람들의 지식 수준도 한결 높아지게 되었다. 물론 이러한 현상이 처음부터 전 세계적으로 일어난 것은 아니었다. 한국, 중국, 일본을 중심으로 한 동아시아 지역에서 발생하여 서양으로 전파되었다.

목판 인쇄의 방법에 대하여 다음과 같이 살펴보기로 한다.[1]

목판 인쇄를 하기 위해서는 먼저 글자를 새길 나무판을 마련하고, 연판 처리부터 해야 한다. 즉, 적당한 크기로 자른 나무판을 바다의 짠 물에 담가 두어 글자를 새기기 쉽게 결을 삭이는데, 바닷물이 없을 경우는 웅덩이의 민물을 이용한다. 그리고 밀폐된 곳에 넣어 쪄서 나무진을 빼고 살충 처리를 한 다음 잘 건조시켜, 뒤틀리거나 쪼개지지 않게 하는 과정을 거친다.

그 다음 목판에 들어갈 내용을 적을 종이를 준비한다. 그리고 글씨에 능한 명필가가 책의 내용을 종이에 깨끗이 정서한다. 이렇게 정서한 종이를

---

1) 천혜봉, 『한국서지학』, 민음사, 1991, pp.130~134.

'판각용 정서본'이라 한다. 이 정서본을 목판 위에 거꾸로 뒤집어 붙이고, 비쳐 보이는 반대 글자체를 그대로 칼로 새겨 낸다. 이런 작업을 '판각(板刻)'이라 한다. 이미 있던 책을 인쇄용 대본으로 삼는 경우는 그 책을 하나 하나 뜯어내어 책장을 한 장씩 목판 위에 뒤집어 붙이고 글자를 새긴다. 글자를 새기는 것이 끝나면 새긴 글자가 잘못된 것이 없는지, 한 글자 한 글자 검토하여 잘못된 데가 있으면, 그 곳을 도려내고 고쳐 새겨 메운다. 이것을 '상감(象嵌)'이라 한다.

이렇게 하여, 목판에 글자를 새기는 일이 끝나면 인쇄에 들어간다. 인쇄를 하려면 인쇄용 먹물, 종이 및 인쇄 용구를 갖추어야 한다. 인쇄용 먹물은 먹을 가루가 되게 부수어 물에 담가 푼 다음, 먹물 그릇에 담아 두고 인쇄할 때는 술 또는 알콜성 물질을 섞어 사용한다(먹에는 소나무를 태워 만든 그을음에 아교를 녹여 섞어 찧어 만든 송연묵[松煙墨]과 각종 기름을 태워 만든 그을음에 아교를 녹여 섞어 찧어 만든 유연묵[油煙墨]이 있다). 종이는 닥나무로 만든 저지(楮紙, 닥종이)를 으뜸으로 친다. 인쇄 용구로는 먹솔, 말총이나 머리카락 뭉치, 먹물 그릇 등이 있다.

인출용 머리카락 뭉치, 계선 조각칼
[자료 : 청주고인쇄박물관 〈한국 고활자 특별전〉]

인쇄 방법은 찍고자 하는 목판의 글자가 위로 향하도록 놓고, 그 글자면에 먹솔로 먹물을 균일하게 칠한 다음, 종이를 놓고 그 위를 말총으로 골고루 비벼서 박아낸다. 인쇄가 끝나면 목판을 깨끗이 닦아 말린 다음, 통풍이 잘 되는 선반 또는 높은 누각에 잘 보관한다.

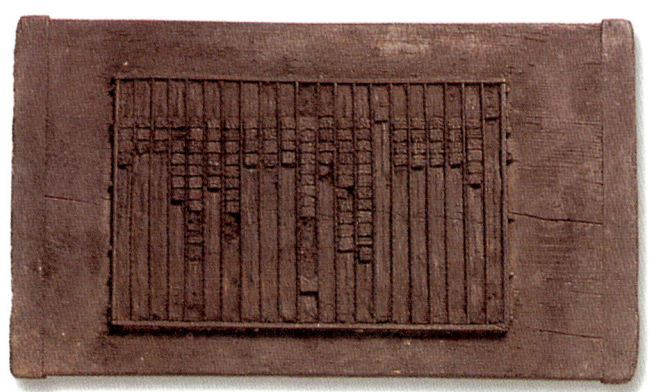

활자 조판틀
[자료 : 청주고인쇄박물관 〈한국 고활자 특별전〉]

2. 목판 인쇄의 발달

(1) 목판 인쇄의 시작

목판 인쇄는 중국에서 시작되었다는 것이 일반적인 견해이다. 이런 견해를 뒷받침하는 것은 중국이 목판 인쇄술을 가능케 할 수 있는 다음과 같은 여러 조건을 구비하고 있었다고 보기 때문이다.[2]

첫째, 중국에서 금석문이 성행했다는 것으로 미루어 목판 인쇄 발명에 암시를 주었으리라고 생각된다. 둘째, 도장을 사용한 점이다. 중국에서는 한(漢) 나라(기원전 202~서기 220) 이후, 관청의 공공 업무이든(官印) 도

---

[2] 庄司淺水,『本の五千年史』, 東京 : 東京書籍株式會社, 1989, pp.81~82.

장 개인의 사적인 일이든(私印) 도장을 많이 사용했다는 점이다. 이것은 목판 인쇄술의 고안과 그대로 이어지는 점이라 하겠다. 셋째, 중국에서는 이미 서기 105년 이후 채륜에 의해서 종이가 본격적으로 제작되어 사용되고 있었다는 점이다.

그렇다면 중국에서 목판 인쇄가 시작된 것은 언제부터일까? 여기에 대해서는 의견이 여러 가지인데, 보통 당나라 시대(서기 618~908)로 보고 있다.[3] 당나라 이전에 시작되었다는 주장으로는 중국 한(漢) 나라 혹은 수나라 시대라고 주장하는 학자들도 있으나, 주장의 근거가 불충분하고 현재까지 남아 있는 목판 인쇄물도 없기 때문에 신빙성이 없다고 본다. 그리고 당나라 후인 중국 오대 시대와 북송 시대라는 주장도 있으나, 그보다 앞선 시대인 당나라의 목판 인쇄물이 존재하고 있기 때문에 잘못된 것으로 보고 있다.

금석문

발행 연도가 분명히 찍힌 목판 인쇄로 만든 책 중에서 현재까지 남아 있는, 가장 오래된 것은 불교 경전의 하나인 『금강반야바라밀경(金剛般若波羅密經, 보통 '금강경'으로 불림)』으로 알려져 있다. 이 『금강경』은 책의 끝부분에 "함통(咸通) 9년(서기 868) 4월 15일 왕개(王玠)가 양친을 위해 만들어 보시했다."고 적혀 있다. 그러니까 이 『금강경』은 왕개가 개인적인 목적으로 찍어낸 책인 셈이다.

『금강경』은 7매의 종이를 붙여 만든 권자본인데, 길이가 4.8m, 폭이

---

3) 김세익, 『도서 인쇄 도서관사』, 종로서적, 1989, pp.159~161.

30cm이다. 이 책의 앞부분에는 석가모니가 설법하고 있는 삽화가 있고, 이어서 한문으로 번역된 금강경의 내용이 나온다. 그 인쇄는 아주 정교하고 수준이 높아서 이 책이 나오기 훨씬 이전부터 인쇄 기술이 존재하고 있었을 것이라는 생각을 갖게 한다.[4)]

이러한 세계적인 문화재인 『금강경』의 목판본을 발견한 것은 중국인이 아니라 영국인이었다. 1907년 영국의 고고학자 스테인(Aurel Stein)이 중국의 돈황 석굴을 탐사할 때 이 『금강경』의 목판본을 발견한 것이다. 이 책은 현재 영국 국립 박물관에 있다.

이 『금강경』은 모든 것은 공(空) 즉, 빈 것 또는 헛것이라고 하는 주제에 대해 석가모니가 제자인 수보리에게 들려 준 설법으로 이루어져 있다. 당시 중국에서는 불교 경전을 간행해서 보시하면 공덕을 얻는 것으로 믿었다.

그렇다면 목판 인쇄가 특별히 당나라 시대에 발명되고 성행한 이유는 무엇일까? 당나라는 중국 역사상 최고 전성기 중의 한 시대였다. 정치 군사적으로 중국을 통일하였을 뿐만 아니라, 문학, 예술, 종교 분야에서도 놀랄 만한 발전을 이룩하였다.

당나라 초기인 당 태종(서기 627~649) 때 수도에는 약 5만 4,000권의

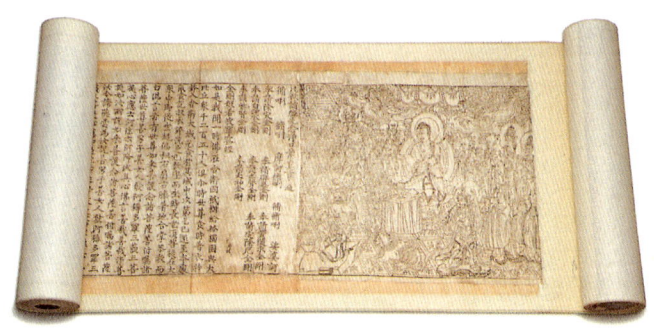

중국 『금강반야바라밀경(금강경)』(서기 868년 간행)
[자료 : 청주고인쇄박물관 〈너나들이 직지〉]

[4)] 김세익, 앞의 책, p.159.

도서를 갖춘 도서관이 세워졌고, 문학 예술이 날로 발전하여 현종(서기 712~756) 때에는 최고조에 이르렀으며, 이 시대에 이백, 두보, 오도자, 왕유 등 중국 역사상 최대의 시인과 예술가들이 모여 있었다.[5] 또한, 당나라 시대에는 불교가 크게 흥성하였다. 전국 곳곳에 불교 사원이 세워졌으며, 현장, 도선, 의정, 법장, 신수, 혜능 등 위대한 승려들이 활동하였다.

이러한 시기에 불교 경전이나 일반 서적을 다량으로 복제하기 위한 다양한 방법이 불교 사원 등에서 고안되어, 목판 인쇄로 발전된 사실을 자연스러운 귀결로 보고 있다.

앞에서 말한 돈황 석굴에서는 목판 인쇄본 외에도 많은 책들이 발견되었는데 『금경경』보다 이후에 발간한 필사본들이 다량 나온 것으로 보아, 목판 인쇄술이 발달한 이후에도 손으로 책을 쓰는 작업이 목판 인쇄와 함께 행해지고 있었음을 알 수 있다.

(2) 세계 최초의 목판본 무구정광대다라니경

1960년대 이전까지만 해도 세계에서 가장 오래된 목판 인쇄본은 앞에서 말한 중국의 『금강경』 또는 일본의 『백만탑다라니』로 알려져 있다. 그러나 1966년 10월 경주 불국사의 석가탑을 보수하는 중에, 『무구정광대다라니경(無垢淨光大陀羅尼經, '다라니경'으로도 씀)』이 발견됨으로써 그러한 사실은 바뀌게 되었다.

석가탑

---

5) T. F. 카터 원저, L. C. 구드리히 개정, 강순애·송일기 공역, 『인쇄문화사』, 아세아문화사, 1995, pp.45~46.

이 목판 인쇄물에는 간행 연도가 나와 있지 않아 정확한 간행 시기는 알 수 없다. 그러나 서기 751년 김대성이 불국사를 크게 중건할 때에, 이 다라니경을 넣은 석가탑이 세워졌으므로 그 이전에 간행된 것으로 인정되고 있다.[6] 다시 말하면 세계 최초의 목판 인쇄물이 나온 것이다.

이 『무구정광대다라니경』은 탑을 세우고 다라니를 염송하는 공덕에 대하여 설법한 경전이다. 즉, 오래된 탑을 수리하거나 조그마한 탑을 만들어

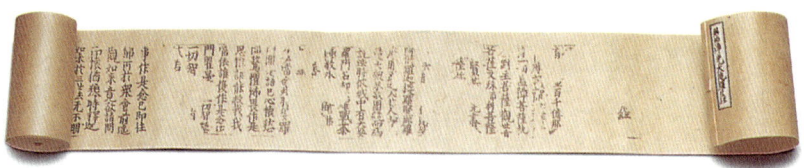

『무구정광대다라니경』
[자료 : 청주고인쇄박물관 〈너나들이 직지〉]

『무구정광대다라니경』 판목
[자료 : 청주고인쇄박물관 〈너나들이 직지〉]

---

6) 김성수는 『무구정광대다라니경』의 간행 연도를 706~751년이라고 밝혀낸 바 있다. 김성수, 『無垢淨光大陀羅尼經의 硏究』, 淸州古印刷博物館, 2000 참조.

그 속에 다라니경을 정성껏 베껴 써 공양하고, 법에 의지하여 다라니를 염송하면 복을 얻고 장수하며 극락 세계에 갈 수 있다는 내용으로 되어 있다.[7]

이 경전은 폭이 6.5~6.7cm, 전체 길이 641.9cm이며, 닥종이 12장을 이어 붙인 권자본으로서 소형 목판 인쇄도서로 판명되었다.[8] 발견 당시 비와 습기로 부식되어 부스러져, 책의 표제를 포함한 앞부분은 일부 글자가 삭아 버렸지만, 뒷부분은 상태가 양호하였다고 한다.

인쇄의 발달사에서 볼 때, 이 다라니경은 압인법이 활용되고 난 직후에 나온 것으로 생각된다. 즉, 불인(佛印)과 탑인(塔印)을 종이 조각이나 비단 헝겊에 다량 날인하여 공양한 데에서 힌트를 얻어 마침내는 다라니경과 같이 짤막한 내용의 것을 조그마한 목판에 새겨 다량으로 찍어 탑에 공양하는 방법을 낳게 하였고, 그 경험이 불교에서는 경전을 간행하여 보시하는 단계로 발전되었으며, 일반인들의 경우는 사회가 요구하는 문학서와 일용 서적을 인쇄하여 통용시키는 단계로 발전하게 된 것이라 할 수 있다.[9]

이러한 『다라니경』은 일본에서도 만들어져 현재 나라(奈良)의 법륭사에 보관하고 있다. 보통 『백만탑다라니』라고 불리는 이 경전은

일본의 백만탑
[자료 : 日本書籍出版協會 發行
《圖錄 日本出版文化史展 '96京都》]

---

7) 이운허 외 옮김, 『한글 대장경 무구정광대다라니경 외』, 동국대학교 부설 동국역경원, 2001.
8) 김성수, 앞의 책, p.4.
9) 천혜봉, 『한국전적인쇄사』, 범우사, 1990, p.32.

서기 770년 일왕의 명령으로 만들어진 것이라고 한다. 그러나 『백만탑다라니』는 『무구정광대다라니경』보다 뒤에 간행되었음에도 불구하고 그 인쇄술이 도리어 치졸하여 『무구정광대다라니경』의 인쇄보다 훨씬 뒤져 있다고 한다. 또한 완전한 초기 전적의 형태를 갖추지 못하고 『무구정광대다라니경』에서 다라니 본문 4종만을 뽑아 찍어낸 조그마한 낱장의 종이 조각에 지나지 않는다고 볼 수 있다.[10]

그러나 당시 일본에서는 4종의 다라니를 각각 25만 장씩 합계 100만 장을 인쇄하여 법륭사를 비롯하여, 동대사, 홍복사, 사천왕사 등 10대 사원에 10만 장씩 분납하였다고 한다.[11] 이것은 인쇄물을 통한 불교의 생활화 또는 대중화의 측면에서 의의가 크다고 할 수 있다.

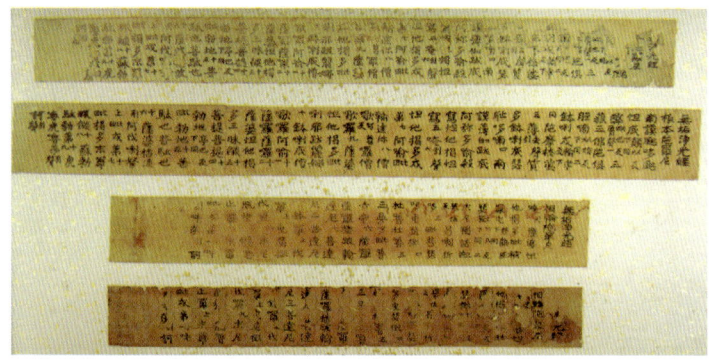

일본의 『백만탑다라니』
[자료 : 日本書籍出版協會 發行〈圖錄 日本出版文化史展 '96京都〉]

(3) 중국의 목판 인쇄

중국에서 당나라 때에 시작된 목판 인쇄 문화는 5대 10국 시대(서기 907~960년)를 거쳐 송나라에 와서 크게 번창하였다. 5대 10국 시대란 당

---

10) 같은 책, p.38.
11) 庄司淺水, 앞의 책, pp.83~84.

나라가 멸망하고 난 후, 불과 53년 동안에 후량, 후당, 후진, 후한, 후주 등으로 무장 세력에 의해서 왕조가 5번이나 바뀌고 또한 10개의 작은 나라가 서로 힘을 겨루던 시대를 말한다. 말하자면 싸움이 끊이지 않던 정치적 혼란기였다.

그런데도 목판 인쇄 사업은 국가 사업으로 활발하게 전개되었다. 이 일을 추진하는 데는 당시 재상이었던 풍도(馮道, 서기 882~954)의 힘이 컸다. 풍도가 주도한 문화적 업적 중에서 가장 높은 평가를 받고 있는 것이 바로 『구경(九經)』을 간행한 사업인데, 그 배경과 과정을 살펴보기로 하자.[12]

당시 유학 경전은 인쇄되지 않고 필사되고 있었기 때문에, 잘못 쓴 내용이 그대로 유포되곤 했다. 이런 상황을 개탄한 풍도는 사람들이 올바른 서적을 접할 수 있게 하는 것이 시급하다고 생각했다. 풍도는 같은 직위에 있던 이우(李愚)와 함께 이 사업을 구상해 교육 담당 관리에게 맡겼다. 그는 우선 당나라의 수도 장안에 있는 『개성석경(開成石經)』을 원본으로 삼아 932년부터 인쇄하게 했는데, 21년이 지나서야 완성되었다.

중국의 목판 인쇄

---

12) 도나미 마모루 지음, 허부문·임대희 옮김, 『풍도의 길, 나라가 임금보다 소중하니』, 소나무, 2003, p.180, pp.294~295.

즉, 서기 953년 『구경서(九經書)』와 『오경문서(五經文書)』, 그리고 『구경자양(九經字樣)』이 두 부씩 인쇄되어 황제에게 바쳐졌다. 풍도가 주도한 이 사업은 최초였을 뿐만 아니라, 신뢰할 만한 교정 작업까지 거쳐 단행된 유학 경전의 집대성이었다. 후당, 후진, 후한, 후주의 네 왕조가 바뀌는 정치적 변동에도 불구하고 이 대사업은 완성을 볼 수 있었다. 유교의 전통적 권위가 그런 일을 만든 것이라고 하지만, 그 배경에는 풍도와 같은 인물이 있었기 때문이라고 볼 수 있다. 이 인쇄 사업에 대한 풍도의 인식은 그가 동료 이우와 함께 올린 상소문에 잘 나타나 있다.

한나라 시대에 유학을 존경해 『삼자석경(三字石經)』을 새겼고, 당나라 때도 국학(國學)에 『개성석경』을 새겼습니다. 그러나 지금의 조정에는 여유가 없어, 따로 석경을 만들기 힘듭니다. 일찍이 오(吳)나 촉(蜀)나라 사람들이 인쇄한 책을 팔았던 적이 있습니다. 그러나 다양한 종류의 책들이 나오고는 있지만, 아직 경전까지는 내지 못합니다. 만약에 경전을 목판에 인쇄해서 천하에 유포시킨다면, 학문으로 백성을 가르치고 교화하는 데 크게 이로울 것이라고 생각합니다.[13]

후당의 재상이었던 풍도의 이러한 건의가 받아들여져 풍도와 그의 협력자들은 유교 경전을 목판에 새겨 넣을 수 있었던 것이다. 여기에서 풍도란 인물을 잠시 살펴보자.[14]

풍도는 46세에 후당의 재상이 되어 일하다가 후당 멸망 후 후진의 재상이 되었는데, 그 후에도 왕조의 부침에 따라 후한과 후주에 입조했다. 이는 당시 '충신은 두 임금 즉 다른 왕조의 임금을 섬기지 않는다.' 는 윤리에 어긋나는 일이어서, 불충한 자라는 비난을 받았다. 그 후도 5대 10국 시대의 혼탁과 암흑상을 대표하는 인물로 지목될 만큼 혹평을 받기도 했

---

13) 같은 책, pp. 295~296.
14) 庄司淺水, 『本の五千年史』, p. 85.

다.15) 그러나 재상의 신분으로 목판 인쇄 사업에 적극 관여하여, 숨은 인재의 책을 찾아내어 간행하고 완성시킨 것은 문화사적으로 의미 있는 일을 했다고 할 수 있다. 풍도의 희망은 중국의 문예 부흥이었고, 따라서 그 원동력이 되는 책의 제작을 성사시킨 것이다.

어떻게 보면, 목판 인쇄술 자체는 풍도와 그의 세력이 그렇게 중요시하지 않았던 것인지도 모른다. 그들의 관심은 경전을 수집하고 올바르게 교정하여, 영구불변의 경전을 만들어 사람들에게 전해 주는 것이었다. 그들은 한나라 또는 당나라에서 만들어진 경전을 낡고 잘못된 것으로 보았고, 따라서 모든 경전을 철저하게 교정하고 표준을 만들어야 한다고 믿었다.16)

미국의 토마스 카터는 중국에서 풍도와 그의 동료들이 했던 작업을 유럽에서 구텐베르크가 했던 작업과 이렇게 비교한다.17)

구텐베르크 이전에도 인쇄술은 있었지만, 구텐베르크는 『성경』 간행사업을 통하여 유럽 문명에 새로운 시대를 열었다. 마찬가지로 풍도 이전에도 인쇄술은 있었지만, 그것은 당대에 큰 영향을 미치지 못한 기술이었다. 구텐베르크의 성경 간행과 마찬가지로 풍도가 인쇄한 경전은 송나라 시대의 르네상스를 촉진하는 원동력이 되었다.

여기서 풍도와 구텐베르크가 다른 점은 풍도는 인쇄술의 발명자라고까지는 할 수 없으며, 기술적인 일에는 아무런 역할도 하지 못했다는 것이

---

15) 풍도에 대한 역사의 평가는 극과 극을 달린다. 11세기 송나라 때의 사마광(司馬光)은 풍도를 충성스럽지 않은 인물로 비난했지만, 16세기 명나라 때의 이탁오(李卓吾)는 당시 "백성들이 끝끝내 전란의 참화를 모면할 수 있었던 까닭은, 풍도가 백성을 편안하게 해 주고 먹여 살리려고 노력한 덕분"이라고 칭송하였다(도나미 마모루, 앞의 책, pp.12~13).
16) T. F. 카터 원저, 앞의 책, p.75.
17) 같은 책, pp.79~80.

다. 단지 그는 새로운 발명의 가치를 알았고 그것으로 대규모 인쇄 사업을 벌일 것을 명령한 재상이었다.

그런데 풍도의 유교 경전이 출판되기 시작한 것은 송나라가 세워지기 겨우 7년 전의 일이었기 때문에, 풍도의 사업은 송나라가 창건된 이후 열매를 맺었다. 특히, 5대 10국의 정치적 혼란기를 종식시켰던 송나라(서기 960~1279)시대에 들어와서 학문과 문화가 크게 발전하였다. 유학자 주희(서기 1130~1200)에 의하여 주자학이 확립되었으며, 서민 문화가 발전하여 서적 출판 사업이 활발하게 일어났다. 책의 형태도 발달되어 이미 송나라 초기에 권자본이 아니라 책자본이 나오기 시작했다. 송나라에 들어와서 출판 인쇄 문화가 융성하게 된 사회적 요인은 다음과 같이 말할 수 있을 것이다.[18]

첫째, 송나라의 평화·문화 정책은 올바른 경전, 올바른 역사를 남기기 위한 서적 출판의 분위기를 조성했다. 둘째, 당나라 시대에 시작된 목판 인쇄가 오대를 지나면서 송나라 시대에 와서 기술적으로 전성기를 맞이했다. 셋째, 송나라 시대의 학문 융성은 많은 교과서를 필요로 했다. 넷째, 과거 제도의 확립으로 수험 준비용 참고서의 수요가 급증했다. 다섯째, 출판업이 과거와는 달리 기업화했다. 여섯째, 인쇄의 재료인 종이, 먹, 목재의 공급이 원활해졌다. 일곱째, 불교의 융성을 들 수 있다.

이와 같은 사회적 요인 중에서도 불교의 융성이야말로 송나라의 출판 문화를 활짝 꽃피게 한 중요한 요인이 되었다고 생각한다. 불교 서적의 출간이 매우 활발했는데, 그 중에서도 『대장경』의 간행은 가장 두드러진 사업이라 하겠다. 동양사학자인 찰스 허커(Charles O. Hucker)는 『대장경』의 간행을 "아마도 중국에서 제국 시대 전체를 통틀어 가장 기념비적인 인쇄 성과일 뿐만 아니라, 전 세계의 가장 위대한 업적 중의 하나"라고 평

---

18) 김세익, 『도서 인쇄 도서관사』, pp.165~166.

한 바 있다.[19]

『대장경』이란 경장(經藏), 곧 부처님의 설법을 모은 책, 율장(律藏), 곧 불교의 계율을 모은 책, 논장(論藏), 곧 부처님의 제자들이 불교에 대해 설명한 논설집 등을 모두 합하여 일컫는 이름이다. 송나라에서는 다음과 같이 네 차례에 걸쳐 대장경 간행 사업을 대규모로 벌였다.[20]

첫째, 『촉본(蜀本) 대장경』이다. 서기 971년부터 983년까지 12년에 걸쳐 장도신이 개판(開版)한 것으로 목판의 숫자가 13만 매이다. 책의 권수는 5,048권에 이른다. 이것이 세계 최초의 『대장경』인데, 촉의 수도였던 익주에서 간행되었다 해서 그 지명을 따 '촉본'이라고 부른다. 또는 송나라 정부에서 만들었다 해서 『송본 관판』이라고도 한다. 둘째, 『동점사본(東漸寺本) 대장경』이다. 1080년부터 1112년 사이에 중국 복주에 있는 절인 동점사에서 만든 것으로 6,339권이다. 셋째, 『개원사본(開元寺本) 대장경』이다. 1132년부터 1151년 사이에 복주 개원사에서 만든 것으로 6,117권이다. 넷째, 『호주본(湖州本) 대장경』이다. 1132년 호주의 왕영종 가문이 발원하여 간행한 것으로 5,916권이다.

그러나 이처럼 네 차례에 걸쳐 대장경을 만들었으나, 인쇄된 대장경은 현재 몇 권씩 남아 있을 뿐이고, 그 『대장경』 원판도 거의 모두 없어지고 말았다.

(4) 고려의 팔만대장경

송나라에서 시작된 『대장경』의 간행 사업이 가장 활짝 피어난 것은 고려로 넘어와서였다. 고려에서는 세 차례에 걸쳐 『대장경』 경판을 만드는 사업이 대대적으로 시행되었다. 이것을 첫째, 『초조대장경』 둘째, 『속장

---

19) 찰스 허커 지음, 박지훈·이명화 공역, 『중국문화사』, 한길사, 1985, p.331.
20) 김세익, 앞의 책, p.167.

경』셋째,『재조대장경』 간행 사업으로 구분하여 부른다.

『팔만대장경』

①『초조대장경』

불교 문화가 찬란히 발전하고 있던 고려는 중국 송나라에서 최초로『대장경』을 간행한 것을 알고 991년(성종10)에 이를 수입하여『대장경』을 간행하고자 하였다. 여기에는 문화 대국을 과시함으로써 이민족들이 고려를 감히 넘보지 못하게 하려는 뜻이 들어 있었다. 그러던 중 거란 군대가 대거 침입하자,『대장경』을 간행함으로써 부처님의 힘에 의해 외적을 물리쳐야겠다는 종교심이 하나로 모아져 마침내『대장경』 주조 사업이 시작되었다. 그 시기는 거란 군대가 침입한 1011년(현종2)경부터 1087년(선종4)까지 76년이나 걸렸다. 제일 처음 새긴 대장경이라 하여『초조대장경』이라고 부른다.

한편 거란의 침입을 살펴보면, 1011년 정월 초하루에 개경을 침입해 왔는데, 고려와의 교섭으로 그달 11일에 되돌아갔고, 1013년과 1018년까지 변경을 수차례 침입하였으나, 강감찬 장군이 귀주대첩(1019)에서 크게 승리한 후, 싸움은 멈춰지고 양국 간에 평화 사절이 오고 갔다. 이러한 상황에서 대장경의 간행은 국민 총화를 불교 신앙의 힘으로 이룩하려 한 것으로도 해석할 수 있을 것이다.

『초조대장경』을 새기는 데 대본으로 삼은 것은 송나라 및 거란의 대장경과 종래부터 전래되어 온 국내판에 의한 것도 함께 섞여 있었다고 한다. 이 대장경의 권수는 약 6,000권이고, 그 수록 범위는 당시까지 나온 것 중에서 가장 포괄적인 한문 번역 대장경이었다고 한다.

그리고 『초조대장경』에 나타난 목판 판각 기술은 송나라 『대장경』과 견줄 정도로 발달되어 있었고, 또한 대형 판화를 독자적으로 많이 새겨 넣었다. 송나라의 『대장경』과 고려의 『초조대장경』을 비교해 보면, 목판에 새긴 글자 모양이나, 글자 수, 글자의 위치 등은 비슷하지만, 판화의 내용과 기법은 크게 달랐다. 대체로 송나라의 판화는 섬세하고 아름다우며, 정적인 유연감을 느끼게 해 주는 반면, 『초조대장경』의 판화는 선이 굵고 소박하면서도 동적인 약동감과 대담성을 느끼게 해 주고 있어 매우 대조적이다.[21]

이 『초조대장경』은 경판을 흥왕사 등에 간직하고 있다가 부인사로 이관

『초조대장경』

---

21) 천혜봉, 『나려인쇄술의 연구』, 경인문화사, 1980, p.87.

하여 보관하던 중, 1232년(고종19) 몽골군의 침입으로 모두 불에 타 버리고 말았다. 그리하여 현재 그 인쇄본이 한국과 일본에 다수 남아 있다.

② 『속장경』

『속장경(續藏經)』은 대장경에 대한 주석을 모아 편찬한 것인데, 그 작업은 고려 문종의 넷째 왕자인 의천(義天, 1055~1101)에 의해서 이루어졌다. 의천은 어린 시절부터 속장경을 편찬하려는 의지가 집요하여, 19세 때인 1074년에 "불교의 모든 교설(教說)을 모아 하나의 장(藏)으로 만들어 유통시켜 불법을 중흥함으로써, 국가에 이바지하겠다."는 상소를 올렸다. 그 후에도 송나라에 들어가 자료를 수집하여 대장경 주석서 경판을 만들겠다고 수차례 요청하였으나 받아들여지지 않았다.

『속장경』

그러자 1085년 4월 몰래 송나라 상선을 타고 중국에 들어가, 곳곳을 돌아다니며 유명한 법사들을 두루 찾아 불교의 법(法)을 묻는 한편, 불교 관련 주석서 3,000여 권을 모아 다음 해 6월에 귀국하였다. 그 뒤에도 국내외에서 4,000여 권의 주석서를 모았고, 1090년 이것들을 『신편제종교장총록(新編諸宗敎藏總錄), 상중하 3권)』으로 엮어냈다. 수록된 것은 전체가 4,857권이나 되는 방대한 양이다. 그 대부분이 수나라와 당나라 시대를 전후한 중국 승려들의 것이지만, 원효, 의상 등 신라 승려와 거란 승려의 것까지 포함하고 있다. 따라서 이것은 동양 학승들의 주석을 한국에서 최초로 집대성하여 간행하고자 엮은 목록이라는 점에서 의의가 크다.

이런 작업을 바탕으로 하여, 흥왕사에 교장도감을 설치하고 대장경을 새긴 것이 바로 『속장경』이다. 이것을 흥왕사판 대장경이라고도 부른다.

『속장경』은 『신편제종교장총록』을 엮은 다음 해인 1091년에 착수하여 1102년에 일단락된 것으로 보고 있으며, 이미 나온 책을 바탕으로 새긴 것이 아니고 당대의 명필가를 동원하여 새로 정서하고 철저한 교정과 보완을 거쳐 판각해낸 것으로서, 그 인쇄가 우아하고 아름다운 것이 특징이었다. 이는 고려 시대 목판 인쇄술을 대표하는 우수작이라 할 수 있다.[22]

이 『속장경』은 1232년 몽골 침입 때 불에 타서 없어졌다. 그러나 『속장경』을 바탕으로 인출한 일부분은 현재까지 한국과 일본에 남아 있다.

③ 『재조대장경』

몽골 침입 때 부인사에 있던 『초조대장경』이 불에 타 버리자, 외적의 침입을 물리치기 위해서 또다시 대장경을 만들어 부처님의 수호를 비는 것이 최선의 방책이라고 생각하고, 거국적으로 간행 작업을 다시 시작하였다. 이렇게 하여 전쟁 중의 어려운 상황에서 나온 것이 『재조대장경(再雕大藏經)』이다. 『초조대장경』 다음에 새긴 것이라 하여, 『재조대장경』이라고 부른다. 또한 고려 시대에 판각되었기 때문에 『고려대장경』, 해인사에 보관하고 있으므로 『해인사대장경』이라고도 한다. 그리고 대장경 경판의 수효가 8만 1,258판에 달하고, 8만 4,000 번뇌에 대치되는 8만 4,000 법문을 수록하였기 때문에 『팔만대장경』이라고도 한다.

1236년(고종 23) 『대장경』을 다시 만들기 위해서 피난지인 강화도에 대장도감(大藏都監)을 설치하여, 16년에 걸쳐 완성하였다. 이 작업은 당시 범국가적인 사업이었던, 왕족, 최씨 무인 집권자, 귀족, 관료, 문인 지식인, 승려는 물론 일반 군현민(郡縣民)에 이르기까지 다양한 계층들이 적극 참여하였다.

특히 불교계에서는 대장경뿐만 아니라, 불상과 불교 서적, 황룡사 9층

---

22) 천혜봉, 『한국전적인쇄사』, pp.72~73.

목탑 등 귀중한 불교 자원을 파괴하고 약탈을 자행한 몽골을 조국의 침략자인 동시에 문명의 파괴자로 인식하고 종파를 초월하여 침략군에 무력 항쟁을 전개하거나 대장경의 조성 사업에 적극 참여하였다.[23]

대장경을 다시 새기는 작업을 하면서 수기법사(守其法師)는『초조대장경』은 물론 송나라 및 거란의 대장경과 대조 비교하고 각종의 불교 목록까지 두루두루 참조하여, 본문에서 빠진 글자, 틀린 글자, 잘못된 번역 등을 하나하나 고치고 보완하였다. 이 대장경 경판은 새로 추가한 것을 제외하면,『초조대장경』인출본을 교정 보완하여 번각한 것이 대부분이기 때문에 판각 기술의 시각에서 보면,『초조대장경』보다 떨어지는 것이 사실이나, 본문의 내용만은 동양의 어떤 한문 번역 대장경보다도 우수하다는 것이 국내외 학자들의 공통된 평가이다.[24]

팔만대장경판전

---

23) 최영호,『화엄종계열 승려의 강화경판 고려대장경 각성사업 참여』,『부산사학』제 29호, 1995, pp.85~87.
24) 천혜봉,『한국서지학』, p.143.

옛날 일본에서도 대장경 조성 사업을 시도했지만, 제대로 끝내지 못하고 말았는데, 『팔만대장경』이 완성되자 스스로 판각하기보다는 고려에서 수입하기를 원했다. 고려 후반부터 사신을 보내 대장경을 요구하는 사례가 빈번했다. 조선 초기에 이르러 각종 공물을 바쳐 오면서 대장경을 요구해왔을 뿐만 아니라, 『팔만대장경』 경판 자체를 무리하게 요구하기도 했다. 세종 때에는 일본 국사가 들어와 대장경판을 하사하지 않으면 목숨을 끊겠다고 하면서 집단으로 단식하다가 6일 만에 그만둔 일도 있었다. 이런 과정에서 일본으로 건너간 대장경 인출본은 일본 불교 문화의 발전에 촉진제가 되었음은 잘 알려진 사실이다.

강화도에서 만들어진 대장경 경판은 강화 도성의 서문 밖에 있는 대장경판당에서 보관하고 있다가 조선조 태조 6년(1397)부터 이듬해에 걸쳐 해인사로 옮겨 오늘날까지 이어지고 있다.

대장경 경판은 인쇄하면 6,547권이 되는데, 보관할 때는 경판을 넣는 함별로 판가에 진열한다. 함을 진열하는 방식은 『천자문』에 나오는 한자 순으로, 즉 천(天), 지(地), 현(玄), 황(黃)의 순서에 따라 진열한다. 이렇게 진열된 함의 숫자는 639개이다.

대장경을 새긴 목적은 이를 인출(印出)하여 널리 퍼뜨리고자 함이 목적이었다. 그러므로 대장경 조성 작업을 끝내고 난 뒤에는 다음과 같이 목판 인쇄 사업이 이어졌다.[25]

『고려사』에는 고종이 1251년 9월에 성의 서문 밖 대장경판당에 행차한 기록이 보이는데, 이는 대장경 경판을 새기고 난 뒤, 처음으로 대장경 전부를 인출한 것을 축하하기 위한 것이었다. 그 후 고려 말의 명신인 이색이 아버지의 유지를 받들어 1381년에 인출하여 신륵사에 새로 세운 장경각에 봉안한 일이 있다. 조선 시대에는 1393년(태조2) 왕명으로 인출하여

---

25) 『한국민족문화대백과사전』, 제24권, p.571.

연복사 5층탑에 봉안하였다.

　그 뒤로도 인쇄하여 여러 사찰에 봉안하였다. 이러한 인쇄를 위해서는 인력과 물적 자원의 동원이 적지 않았으므로 국가의 힘이 없이는 좀처럼 이루어지지 않았다. 그리고 승려의 학술 연구를 위해, 또는 신앙의 차원에서 여러 차례 인출하였다.

　해방 이후는 동국대학교에서 해인사대장경판의 보존과 보급을 위하여 1953년부터 1976년까지 영인 축소판을 만들었다. 모두 48권(목록 1권 포함)인데, 고려대장경이라는 이름으로 출판하여 세계 각국의 유명 도서관에 보냈다.

　한편, 이 대장경은 경판 자체가 문화적 가치를 지니고 있다. 판각한 지 750년이 넘는 현재까지 원형을 잃지 않고 보존되고 있다. 우선 단단한 목판을 만들기 위하여 3년간 바닷물에 담가 놓는 일에서부터 시작하여 글씨를 쓰고, 판각하는 일 등 매 과정마다 최고의 정성과 숭고한 종교심을 담아 경판을 완성하였고, 이것을 보관하는 일에도 자연 조건과 건축 기술을 최대로 활용하였다. 유네스코에서도 1995년 팔만대장경판과 그 경판을 봉안한 고려대장경판전을 세계 문화유산[26]으로 지정하여 그 문화적 가치를 인정하고 있다.

　이 팔만대장경은 북한에서 먼저 번역을 끝마쳤고, 남한에서도 1963년에 시작하여 2000년에 한글대장경을 완성하였다. 그리고 남북한이 협력하여 새로운 '우리말 통일 대장경'을 어떻게 조성할 것인가에 대한 논의도 나오고 있다.[27] 또한, 팔만대장경은 세계 최초로 전자대장경으로도 만들어졌다. 1993년 3월 발족한 해인사 고려대장경연구소에서는 이 팔만대장경

---

26) 영문으로는 "the Haeinsa Temple Changgyong P'ango, the Depositories for the Tripitaka Korean Woodblocks"로 되어 있다.

27) 허인섭, 〈고려대장경 남북 번역 용례 연구를 통해 본 우리말 통일 대장경의 미래 모습〉, 『인문과학연구』 제9집, 덕성여자대학교 인문과학연구소, 2005.

을 2000년 12월 CD-ROM으로 만들었고, 인터넷을 통하여 대장경에 관한 다양한 정보를 제공하고 있다.

(5) 유럽의 목판 인쇄

유럽의 목판 인쇄술은 십자군 원정 시대(1096~1291)에 비로소 동양으로부터 전해졌다는 것이 일반적인 견해이다. 유럽에서 목판 인쇄가 행해진 것에 대한 구체적인 기록은 14세기 후반 이후에야 나타나고 있다. 즉, 1377년 독일에서 (목판으로 찍어낸) 카드를 사용했다는 기록이 있고, 카드놀이가 더욱 성행하여 1397년 프랑스에서는 노동자들에게 카드놀이 금지 법령을 내렸던 기록이 보인다.[28]

이와 비슷한 시기에 목판 인쇄물인 성화(聖畵)도 나온 것으로 파

유럽에서 목판 새기는 작업.
1568년 암만(Jost Amman)의 목판 작품
[자료 : The Invention of Printing in China and its Spread Westward]

악하고 있다. 목판으로 인쇄한 서적은 다소 늦게 나타났는데, 가장 오래된 연대는 1428년으로 알려졌다. 활판 인쇄술이 등장한 이후에도 한동안 종교 서적이나 라틴 문법책 같은 목판본의 발간 작업이 지속되었다.[29]

---

28) Douglas C. McMurtrie, *The Book : The Story of Printing & Bookmaking*, New York : Oxford University Press, 1957, pp.101~102.
29) Elmer D. Johnson, *Communication-An introduction to the history of the alphabet, writing, printing, books and libraries*, New York : The Scarecrow Press, Inc., 1960, pp.52~54.

그리스나 로마의 고전 문화와 훌륭한 공예를 자랑한 유럽에서 이렇게 늦게 인쇄가 발달한 것에 대하여 다음과 같은 해석이 나오고 있다.[30] 즉, 중세의 수세기에 걸친 암흑 시대를 거쳐 문예 부흥과 때를 같이하여 인쇄가 문화 발전의 매개체로 등장한 것으로 이해하는 것이다. 말하자면, 문예 부흥기 이전에는 다수의 사람들에게 지식을 보급시켜야 한다는 인식이 부족했기 때문일 것이다. 앞에서 보았듯이, 중세에는 문자를 해독하는 사람은 극히 제한된 숫자였다. 또한 당시에 책이라고 하면 고전이나 성서인데, 이런 책은 성당 깊숙한 곳에 그나마 손으로 쓴 책이 약간 있을 뿐이었다. 이런 까닭에 책이 일반 국민에게 공급될 수 없었고, 그 값이 엄청나게 비쌌기 때문에 보통 사람들은 감히 소유할 엄두도 내기 어려웠다.

중국의 놀이 카드.
1400년경 인쇄된 것으로 추정

[자료 : The Invention of Printing in China and its Spread Westward]

14세기에 르네상스의 시대가 도래하면서 유럽은 고전 문화를 재건하고, 십자군 원정을 통하여 맛본 동방의 지식과 문물을 마음껏 섭취하였다. 국민들 사이에서도 새로운 자각의 분위기가 조성되었다. 당시의 이러한 분위기와 목판 인쇄의 등장을 좀 더 살펴보기로 하자.[31]

---

30) 안춘근, 『출판개론』, 을유문화사, 1963, p.43.
31) Thomas Francis Carter, *The Invention of Printing in China and its Spread Westward*, New York : Columbia University Press, 1925, p.150.

유럽은 새롭게 잠을 깬 창조적인 천재성으로 단순한 모방을 탈피하였다. 오히려 유럽은 주어진 자극을 그들 고유의 새로운 틀을 만드는 데 사용하였다. 새로운 운동은 민주적 운동이었다. 시인 초서와 단테는 처음으로 자국어로, 즉 일반 국민의 언어로 작품을 썼다. 베니스, 플로렌스, 뉘른베르크와 플랑드르 지방의 도시들은 이러한 새로운 생명의 근원이 되었다. 유럽에서 목판 인쇄가 시작된 것은 이렇게 깨어나는 시기에, 국민들 사이에서 주로 도시를 중심으로 이루어졌다.

1482년 울름(Ulm)에서 발행한 프톨레마이오스 『우주형태론』의 한 페이지
[자료 : Die Schwarze Kunst]

초기의 목판 인쇄물은 크게 두 가지로서, 앞서 말한 카드놀이와 성인(聖人)의 초상화였다.[32] 당시 카드놀이는 노동 계급 사이에 광범위하게 퍼졌다. 이에 따라 카드 제작을 위해서 보다 더 신속하고 경제적인 방법을 개발하게 되었다. 특히 울름(Ulm) 시에서는 다량의 카드를 제작하여 유럽의 다른 도시들로 수출까지 하였다. 당시 목판 인쇄는 가난한 사람들에게 값싼 오락의 수단으로 유용한 카드를 만들어 주었으며, 또한, 가난한 사람들이 성인의 초상화를 소유할 수 있게 해 주었다. 성인의 초상화는 특히 독일에서 중하류 계층의 사람들에게 널리 퍼져서 점점 커져 가는 종교적 욕구를 충족시켜 줄 수 있었다. 그러고 보면, 카드와 성화는 같은 방법으로 만

---

32) 카드와 성화에 대한 설명은 Douglas C. McMurtrie, 앞의 책, pp.102~104 참조.

들어지고, 동일한 계층의 사람들에게 팔린 것을 알 수 있다.

유럽의 목판 성화 중에서 인쇄 연대가 뚜렷이 나타난 것으로 가장 오래된 것은 1423년의 〈성 크리스토퍼(The St. Christopher Woodcut of 1423)〉이다. 그 크기는 가로, 세로가 각각 20cm, 28.5cm인데, 아기 예수를 등에 업고 강을 건너는 그림이 있고 그 밑에 "매일 성 크리스토퍼를 우러러보면, 불행한 죽음은 오지 않는다."라고 라틴어로 인쇄되어 있다.[33]

유럽 최초의 목판 인쇄물 『성 크리스토퍼』
[자료 : Johannes Gutenberg]

이런 성화가 제작될 당시에는 면죄부도 목판 인쇄로 찍어냈다고 한다. 면죄부란 중세의 가톨릭 교회에서 금전이나 재물을 바친 사람에게 그 죄를 면해 준다는 뜻으로 교황이 발행했던 증서이다. 면죄부가 초기에는 회개를 촉구하는 목적과 함께 판매되기도 하였으나, 후에 남발됨으로써 폐단이 크게 드러났고, 종교개혁의 원인이 되었다. 이 면죄부는 처음에는 필사본과 마찬가지로 손으로 써서 만들었고 후에 목판 인쇄로 바뀌었다.[34]

그리고 보면 중세의 교회에서는 성화가 면죄부와 함께 판매되었음을 알 수 있다. 성화의 제작은 그 다음 단계로 발전하여, 인쇄된 성화들을 묶어

---

33) 庄司淺水, 『本の五千年史』, pp.99~100 ; Douglas C. McMurtrie, 앞의 책, pp.109~110.
34) 庄司淺水, 앞의 책, p.99.

서 목판 인쇄 서적을 간행하게 되었다. 이런 초기 목판 인쇄본의 목적은 성경의 가르침과 예화들을 그림의 형태로 제시하여, 문맹자들도 이해할 수 있도록 대중화시키자는 것이었다.35) 이렇게 대중화되면서 1445년경에는 종교 및 교육 서적들이 시장에 나왔다는 기록이 있었다고 한다.36)

그러나 1450년대에 구텐베르크가 만든 활판 인쇄 서적들이 등장하면서 목판 인쇄 서적들을 대신하게 된다. 물론 활판 인쇄 서적들이 나온 이후에도 그 책들에 들어가는 그림들은 판화 즉 목판으로 찍어 넣었다. 목판(그림)은 활자와 매우 잘 어울렸다고 한다. 즉, 획이 굵고

축복하는 그리스도 목판화 (1473년 아우구스부르크)
[자료 : An Introduction to a History of Woodcut with a Detailed Survey of Work Done in the Fifteenth Century]

검은 글자(bold black-letter)의 텍스트와 굵은 목판의 선(the woodcut lines)이 결합되면서 장식적 효과가 크게 나타난 것이다. 그러나 15세기 후반 책에서 그림의 목적은 장식이 아니었다. 그림은 일반 독자들을 위하여 텍스트의 내용(contents)을 실질적으로 시각화시켜 주는 것으로 생각되었다.37)

---

35) Douglas C. McMurtrie, 앞의 책, p.114.
36) 같은 책, p.122.
37) Svend Dahl, *History of the Book*, Metuchen, N. J. : The Scarecrow Press, Inc., 1968, pp.98~99.

라틴어 『시편』에 나오는　　첫 글자 O (1457년 울름)　　『유클리드』에 나오는
첫 글자 B(1457년 마인츠)　　　　　　　　　　　　　첫 글자 Q(1482년 베니스)

첫 글자 P(1494년 베니스)　　첫 글자 T(1500년경 리옹)

[자료 : An Introduction to a History of Woodcut with a Detailed Survey of Work Done in te Fifteenth Century]

　유럽의 판화 기술은 15세기에 매우 발달되었다. 판화는 예술가의 두뇌와 손작업이 전 과정을 통하여 함께 이루어져야 이상적인 작품이 나올 수 있다. 이것은 동서양이 공통되는 현상이었을 것이다. 또한, 그와 같은 이상적인 작품을 종교적 신앙으로써 형상화해 낸 점도 동서양이 마찬가지였다.

제3장　활판 인쇄

1. 활자 인쇄의 의의

 일일이 손으로 써서 책을 만들던 단계에서 목판 인쇄를 통하여 한꺼번에 다량의 책을 발간한 것은 인류 역사의 커다란 발전이었다. 그러나 목판 인쇄는 앞에서 보았듯이 우선 그 방법이 까다로워서 시간과 비용이 너무 많이 들었다. 게다가 목판 인쇄는 고정된 목판을 사용하는 것이기 때문에, 한 가지 책을 인쇄하고 난 다음에 다른 책을 인쇄하려 할 때는 앞에서 글자를 새겨 놓은 목판은 전혀 쓸모가 없게 되고 만다.
 책을 만들기 위해서 글자를 새긴 목판을 책판이라 하는데, 이 책판은 대개 수량이 많고 또 부피가 크며 무겁기 때문에 보관이 어려웠고, 잘못 간수하면 썩거나 닳고 터지고 쪼개져서 못쓰게 되는 것이 커다란 문제였다. 그리하여 새로 고안해낸 것이 활자 인쇄였다.[1] 활자라는 새로운 발명은 글자를 모아서 판을 짜고[組版] 그 판에서 책의 각 장을 찍고 나서 그 글자를 풀어서[解版] 다시 같은 글자끼리 모았다가, 다른 장을 찍을 때 판을 다시 짤 수 있어 활자를 많이 갖추어 두면, 무슨 책이든 언제든지 찍을 수 있었다. 덧붙여 말하면, 한 벌의 활자를 만들어 놓기만 하면 이것을 가지고 필요한 책을 수시로 손쉽게 찍어낼 수 있기 때문에 비용이 덜 들고 일하는 시간을 훨씬 많이 줄일 수 있는 것이다. 이러한 활자 인쇄가 이루어짐으로써 이제는 많은 종류의 책들을 보다 빠르고 쉽게 만들어낼 수 있는 길이 열리게 되었다.
 이러한 활자의 사용이 최초로 이루어진 것은 문헌상으로는 중국이라고 나와 있다. 그러나 중국의 활자는 금속활자가 아니었기 때문에 실제로는 별로 사용되지 못했다. 실용적인 금속활자를 발명하고 책을 만드는 데 활

---

 1) 활자인쇄의 장점은 천혜봉, 『한국금속활자본』, 범우사, 1993, p.9 및 손보기, 『금속활자와 인쇄술』, 세종대왕기념사업회, 1977, p.113 참조.

용한 것은 한국이 처음이었다. 이것은 앞으로 새롭게 씌어질 세계 문화사를 위해서도 누누이 강조해야 할 사실이다.

한국은 정부가 중심이 되어 세계 최초로 발명한 금속활자를 꾸준히 개량하면서 대대적인 서적 출판 사업을 벌인 바 있다. 그러나 이러한 서적의 보급이 극소수 양반 계급에 국한되어 있었기 때문에, 인쇄술이 전 국민적으로 확산되지 못하였다. 인쇄 기술이 보다 발달되고 상업적으로 널리 퍼진 것은 독일의 구텐베르크가 활판 인쇄술을 개발한 이후였다.

2. 금속활자 이전의 활자

(1) 교니활자

최초의 활자는 찰흙으로 만든 것으로 알려져 있다. 이것을 교니활자(膠泥活字)라 부르는데, 찰흙 활자라 할 수도 있겠다.

찰흙은 이미 기원전 4000년경 메소포타미아에서 점토판 책을 만드는 데 오늘날의 종이처럼 사용되었음을 앞에서 살펴본 바 있다. 이 찰흙이 그로부터 수천 년이 지난 11세기에 중국에서 활자의 재료로 다시 등장하고 있음은 흥미롭다. 그러나 수천 년 전 메소포타미아 지방에서 점토판이 중요한 문화 발전의 매개체 역할을 한 것에 비하면, 교니활자는 인류 문화사에서 뚜렷한 역할을 담당하지 못하였다.

교니활자에 대한 기록은 중국 북송(北宋) 시대의 학자 심괄(沈括, 1031~1095)이 쓴 『몽계필담(夢溪筆談)』이란 책에 나온다. 즉, 필승(畢昇)이라는 평민이 인종(仁宗) 때(1041~1048) 찰흙을 구워서 활자를 만들었다는 기록인데, 그 방법은 다음과 같다.[2]

---

2) 沈括, 『夢溪筆談』, 卷18, 技藝, 板印書籍條. 조형진, 「중국 활자인쇄 기술의 발명배경과 맹아기의 발전」, 『서지학연구』, 제13호, 1997, pp.54~55 참조.

찰흙에 글자를 새겼는데, 두께는 동전닢만큼 얇고, 글자마다 한 개로 만들어서 불에 구워 단단하게 하였다. 먼저 철판을 하나 놓고 그 위에 송진, 밀랍, 종이 태운 재 등을 채워 넣는다. 인쇄하려면, 철제 인판(印版) 하나를 철판 위에 설치하고 활자를 빽빽이 심는다. 인판을 가득 채운 것을 한 판으로 하여 이를 가지고 불에 덥혀서 밀랍, 송진 등이 녹게 한다. 약간 녹을 때 평평한 판으로 그 윗면을 누르면 자면(字面)이 숫돌처럼 평평해진다.

필승이 이러한 방법을 통하여 어떤 서적을 인쇄하였는지에 대해서는 아직까지 문헌 기록을 발견할 수 없다고 한다. 또한 앞의 심괄이 쓴 『몽계필담』에는 "필승이 죽자 그 활자는 나의 조카가 입수하여 지금까지 간직하고 있다."는 기록이 나오는데, 이러한 구절로 미루어 볼 때 아마도 교니활자가 다시 응용되지 못했을 뿐만 아니라, 심(沈)씨 일가는 이 활자를 골동품으로 간주하여 고이 간직하기만 하였지, 이 기술을 더 발전시켜 그 정화(精華)를 발하도록 하지 못한 결과 하나의 발명에 불과한 것이 되고 말았음을 알 수 있다.[3] 다만 필승의 공헌은 교니활자를 창안하고 활자 인쇄술을 발명함으로써 후손들로 하여금 활자 인쇄의 장점을 인식하게 하고 또한 활자 인쇄의 가능성을 제시한 점이라고 할 수 있다.[4]

그러나 필승이 발명한 활자는 그 재료가 흙이었으므로 내구성이 약하여 자주 망가지거나 일그러지고, 또 판을 짤 때 쓰는 점착성 물질을 송진과 종이 태운 재를 섞어 만들었기 때문에 응고력이 약하여 인쇄 도중 활자가 자주 움직이고 떨어져서 실용화에 실패하고 말았다.[5] 그 후 원나라 초기에 요추(姚樞)가 그의 제자인 양고(楊古)로 하여금 종래의 조판용 점착성

---

3) 조형진, 앞의 글, p.60.
4) 같은 글, p.61.
5) 천혜봉, 앞의 책, p.10.

물질을 개량하게 하여 인쇄를 시도하였으나 역시 성공하지 못하였다.[6]

　보통 중국에서 활자 인쇄가 제대로 발달하지 못한 이유로, 인쇄 방법의 원시성, 활자 인쇄에 적당한 잉크가 개발되지 못한 점, 한자가 표음문자가 아니기 때문에 활자 수가 많아야 하는 점 등을 들고 있다. 그러나 가장 중요한 점은 중국에서는 목판 인쇄에서 다음 단계로 넘어가는 정보 혁명의 새로운 미디어, 즉 활자 인쇄에 대한 시대적 요청이 없었으며, 설사 미미하게 있었다 하더라도 국가적 차원에서 이를 계승 발전시키지 못했기 때문이라고 보아야 할 것이다.[7] 이 점은 고려의 금속활자 발명과 국가적 차원에서의 장려 및 활용과 크게 대비되는 일일 것이다.

(2) 목활자

　나무로 활자를 만들어 사용한 것이 언제부터였는지는 확실하지 않다. 다만 현재 알 수 있는 문헌의 기록으로는, 중국 원나라 때 왕정(王禎)이 농민들을 위하여 편찬한 『농서(農書)』의 끝부분에 목활자 인쇄 방법이 나와 있는데, 간단히 설명하면 다음과 같다.[8]

　나무판을 켜서 인판(印版)을 만들고 대나무 조각을 깎아 계행(줄과 줄 사이의 경계)을 준비하는 한편, 나무판에 글자를 새겨 자그마한 톱으로 잘라 한 자씩 만들고 작은 칼로 네 면을 다듬어 크기와 높낮이를 고르게 활자를 만들어냈다. 그리고 그 활자들을 배열하고 대나무 조각을 깎아 빈 데에 끼우면서 인판에 가득 차게 식자한 다음, 나무쐐기를 단단히 끼워 활자가 움직이지 않게 하였다. 그리고서 먹을 칠하여 한 장 한 장 찍어냈다. 이러한 목활자 인쇄법은 후대의 중국 청나라 목활자 인쇄법과 기본적으로

---

　6) 『한국민족문화대백과사전』, 제25권, 한국정신문화원, 1999, p.436.
　7) 남윤성, "금속활자 발명국 고려와 유네스코 세계기록유산 『직지(直指)』의 인류문화사적 의미", 『중원문화논총』, 제9호, 충북대학교 중원문화연구소, 2005, p.80.
　8) 천혜봉, 『한국서지학』, 민음사, 1991, p.256.

같았다고 볼 수 있다.[9]

　왕정은 목활자의 제작 동기와 사용 과정에 대하여 『농서』의 후기에서 다음과 같이 밝히고 있다.[10] "선주(宣州) 정덕현(旌德縣)의 장관[縣尹]으로서 그 지방을 다스릴 때 나는 『농서』를 편찬하였다. 그러나 이 책에 필요한 글자 수가 너무 많아서 목판에 인쇄하기가 어렵다는 것을 알게 되었다. 그래서 나는 내가 생각한 대로 공인들에게 활자를 만들도록 하였다. 이 일은 2년 후에 끝이 났다. 그 후 나는 6만여 자의 활자를 사용하여 정덕현지를 시험적으로 인쇄하였다(1298). 한 달 안에 100부가 인쇄되었는데, 목판으로 인쇄한 서적과 똑같았다. 이것은 내가 고안하여 만든 활자의 실용성을 증명한 좋은 기회였다."

　그러나 왕정은 몇 년 후 다른 지방의 책임자로 가서 『농서』를 목활자로 인쇄하려 하였으나, 이미 인쇄공들이 책의 일부를 목판에 새기기 시작했기 때문에, 목활자 인쇄 방법을 쓰지 못했다고 한다. 따라서 그 인쇄 방법을 기록해 두니, 후세에 영구히 전해 주기 바란다고 『농서』의 끝부분에서 밝히고 있는 것이다.[11]

　당시 저명한 농학자요, 기계 학자였던 왕정은 정덕현윤으로 6년 동안 재임하였는데, 그의 생활은 소박하고 검소하였으며, 자기 돈을 들여 학교를 고치고, 교량과 도로를 놓고 농민을 가르쳐 식수(植樹)에도 힘썼던 인물이다.[12]

　그런데 중국 돈황 석굴 발굴 때, 펠리오(M. Pelliot)가 1300년경의 것으로 추정되는 목활자 묶음을 찾아냄으로써, 왕정이 밝혔던 목활자의 존재가 증명되었다. 그러나 펠리오가 발견한 활자는 왕정의 목활자와는 달리

---

9) 張秀民, 『中國印刷史』, 上海 : 上海人民出版社, 1989, p.674.
10) T.F. 카터 원저, 『인쇄문화사』, p.265.
11) 같은 책.
12) 張秀民, 앞의 책.

한문이 아니라 표음문자인 위구르 문자였다고 한다.[13] 그리고 보면 당시 목활자는 왕정 이전부터 사용되었으며 극동을 중심으로 아시아 지역에 널리 퍼졌으리라는 추측을 가능하게 한다.

한국의 경우, 초기의 목활자에 관한 기록이 전해지고 있지 않아 언제 시작했는지 알 수 없다. 다만 고려 우왕 3년(1377) 흥덕사에서 주자(鑄字)로 찍어낸『불조직지심체요절(佛祖直指心體要節)』을 볼 때 부족한 글자를 나무로 만든 활자로 충당해서 썼던 점으로 미루어, 금속활자 인쇄의 시작과 더불어 목활자도 함께 사용되었을 것으로 보고 있다.[14]

그러나 목활자는 여러 가지 어려움[15] 때문에 사용에 한계가 있었다. 즉, 인쇄할 때의 점착성 물질이 개발되지 않아 조판 후 떼어내는 데 무척 곤란을 겪었고, 또 나뭇결의 조밀도 차이 때문에 물에 젖으면 높고 낮음의 차이가 생겨 활자면이 고르지 않아 인쇄가 조잡하였다. 뿐만 아니라, 목활자는 활자 하나하나를 새기는 것이기 때문에 품이 많이 들면서도 같은 글자의 활자를 일정한 모양으로 가지런하게 만들어내지 못했다. 또한 재질이

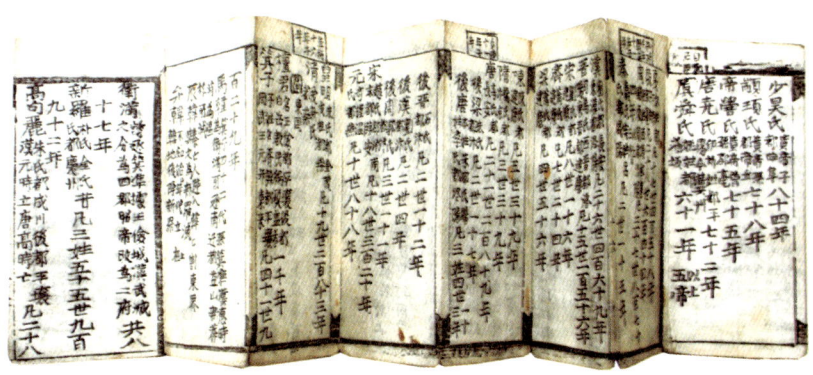

『논어집주』

---

13) T.F. 카터, 앞의 책, p.268.
14) 천혜봉,『한국서지학』, pp.256~257.
15) 천혜봉,『한국금속활자본』, 범우사, 1993, p.10.

나무이기 때문에 글자의 획에 마멸과 이지러짐이 생겨 오래 간직하며 사용할 수 없었다.

그리고 교니활자와 목활자 외에도 한국에서만 특유했던 것으로 바가지 활자가 있었다고 한다. 이성의(李聖儀)가 소장하고 있는『한국고활자책서목(韓國古活字冊書目, 1965년 8월 발행)』에는『논어집주(論語集註)』에 대해, "이 책은 영조 3년에 발명자는 알지 못하나, 바가지를 재료로 조각된 바가지 활자를 활용했다. 서기 1727년"이라는 기록이 나온다고 한다. 바가지 활자로 인쇄되었다는『논어집주』를 보면, 보통 목활자나 도활자(陶活字)와는 다른 점이 많고, 더욱이 금속활자와는 판이하게 식별되기는 하지만, 아직 바가지 활자설은 이를 확고하게 믿을 수 있는 부수적 고증 문헌은 없는 실정이다.[16]

어쨌든 바가지 활자도 그 재료의 성격상 실용적이 될 수 없었기 때문에 한국에서도 널리 사용되지 못하였다. 본격적인 활자 인쇄의 시대는 금속활자의 발명을 통하여 열리게 된다.

3. 금속활자의 발명과 사용

(1) 금속활자 발명의 역사적 의의

기록에 의하면, 금속활자의 발명은 중국에서의 목활자 제조보다도 더 이른 시기인 13세기 전반기에 한국에서 이루어진 것으로 나온다. 그러나 구체적인 실물이 없어 여러 주장들만 나오던 중,『백운화상초록 불조직지심체요절(白雲和尙抄錄 佛祖直指心體要節, 이하『직지』)』이 처음으로 공개됨으로써 고려의 금속활자 발명이 공인받게 되었다.『직지』는 원래 프랑

---

16) 안춘근,『한국출판문화사대요』, 청림출판, 1987, pp.149~150.

스 공사관 통역 서기관으로 한국에 체류한 바 있는 모리스 꾸랑(Maurice Courant, 1865~1935)이 펴낸 『한국 서지(Bibliographie Coréenne)』의 보유편(supplément, 1901년 간행)에 수록되어 1377년 금속활자로 인쇄되었다는 설명을 담고 있다. 그러나 세상에 잘 알려지지 않다가 1972년 유네스코가 제정한 '세계 도서의 해'를 맞아 프랑스 국립도서관이 '책(livre)'이라는 제목의 특별전을 열면서 『직지』를 일반 대중에게 처음 공개한 이후, 현존하는 세계 최초의 금속활자 인쇄물로서 중요한 가치를 세계적으로 인

개성의 개인 무덤에서 출토된 고려 활자
[자료 : 청주고인쇄박물관 〈한국 고활자 특별전〉]

개성의 만월대 신봉문 터에서 약 300m 떨어진 곳에서 발견된 고려 활자
[자료 : 청주고인쇄박물관 〈한국 고활자 특별전〉]

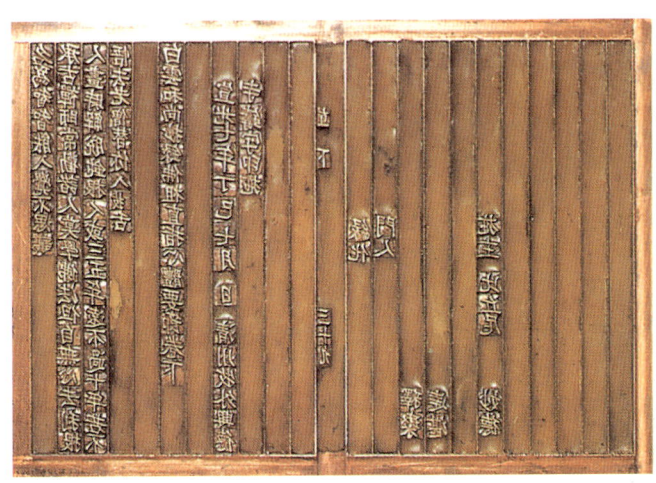

『백운화상초록 불조직지심체요절』
[자료 : 청주고인쇄박물관 〈한국 고활자 특별전〉]

정받게 된 것이다.

　『직지』는 고려 말 백운화상(1298~1374, 법명은 景閑)이 불법을 제자들에게 전해 주기 위해 역대 여러 불조(佛祖)의 게송(偈頌)이나 법어 등에서 선(禪)의 요체를 깨닫는 데 필요한 내용들을 뽑아 엮은 책이다. 이 책의 마지막 장에는 "선광 7년 7월 청주목외 흥덕사 주자인시(宣光七年 丁巳七月 淸州牧外 興德寺 鑄字印施)"라고 나와 있어, 청주시 교외에 있는 흥덕사에서 금속활자로 인쇄했음을 확인시키고 있다. '선광'은 북원(北元)의 소종(昭宗)이 사용했던 연호이므로, 선광 7년은 1377년이 된다. 『직지』는 원래 상하 2권으로 되어 있으나 현재 상권은 전해지지 않고, 첫 장이 떨어져 나간 상태의 하권 1권(총 38장)만이 프랑스 국립도서관 동양 문헌실에 소장되어 있다. 이 『직지』가 이듬해인 1378년에 취암사(鷲嵒寺)에서 목판으로도 간행되었는데, 상·하권이 완전한 1책으로 국립중앙도서관과 한국정신문화연구원 장서각, 그리고 영광 불갑사(佛甲寺)에 소장되어 있어 금속활자본만으로는 알 수 없는 체제나 내용을 목판본을 통해서 알 수 있다.[17]

　『직지』를 인쇄한 곳으로 나와 있는 흥덕사의 위치가 알려진 것도 그리 오래지 않다. 즉, 1985년 청주시 상당구 운천동 일대에서 대규모 주택단지 조성 사업을 위한 토지 개발 공사를 진행하던 중 흥덕사 절터를 발견하였다. 이 절터에서 '흥덕사'라는 명문이 새

『직지』

---

17) 이희재, "『백운화상초록직지심체요절』과 조선 초기 활자 인쇄 문화", 『서지학연구』, 제28호, 2004, pp.109~110.

겨 있는 유물들이 출토된 것이다. 정부에서는 이곳을 기념하기 위해 1992년 청주고인쇄박물관을 세웠다. 또한, 유네스코에서는 청주시의 신청을 받아들여 2001년 9월 4일 『직지』를 세계기록유산(memory of the world, UNESCO)에 등재하였다. 그리고 유네스코 '세계기록유산' 인터넷 홈페이지를 통하여 "『직지』는 현존하는 금속활자 인쇄물 가운데 세계에서 가장 오래된 것이며, 이 책은 인류의 인쇄 역사와 기술 변화를 알려 주는 중요한 증거물이다."라고 세계기록유산 등재 이유를 밝히고 있다.[18]

『직지』는 중앙 정부가 아니라, 지방의 사찰에서 만든 것으로 초기의 미숙한 활자본의 성격과 특징이 다음과 같이 드러나고 있다.[19]

첫째, 동일한 글자에 같은 모양의 것이 거의 없고, 글자 모양에 고른 것과 고르지 못한 것의 차이가 심하며, 글자 획의 굵기도 차이가 심한 편이다. 둘째, 글자의 크기도 일정하지 않아 한 줄에 18~20자로 한두 자 차이

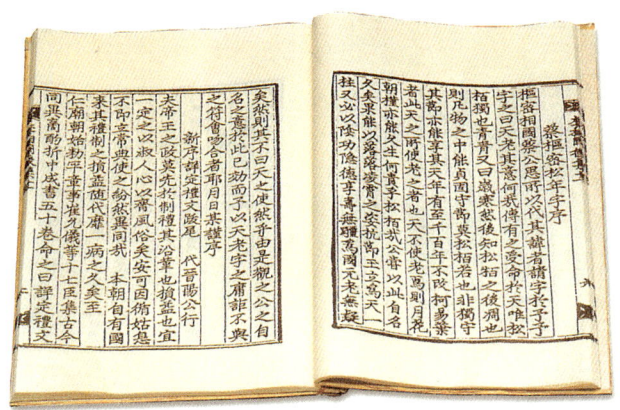

『동국이상국집』
[자료 : 청주고인쇄박물관 〈한국 고활자 특별전〉]

---

18) 남윤성, "금속활자 발명국 고려와 유네스코 세계기록유산 '직지'의 인류문화사적 의미", 『중원문화논총』, 제9호, 충북대학교 중원문화연구소, 2005, p.82.
19) 천혜봉, 『한국금속활자본』, pp.14~15.

가 있어 옆줄이 맞지 않으며, 심한 경우는 윗글자의 아래 획과 아래 글자의 위 획이 서로 닿거나 엇물린 것도 있다. 셋째, 본문의 행렬이 삐뚤어지고 어떤 글자는 옆으로 심하게 기울어졌으며, '日'의 글자가 아예 거꾸로 식자된 것도 있다.

이러한 『직지』 외에도, 논란의 여지없이 받아들여지는 고려의 금속활자 사용을 증명하는 문헌상의 증거는 『신인상정예문(新印詳定禮文)』, 『남명천화상송증도가(南明泉和尙頌證道歌)』, 정도전의 『삼봉집(三峰集)』과 『고려사(高麗史)』의 기록에서 다음과 같이 살필 수 있다.[20]

첫째, 이규보(李奎報, 1168~1241)의 시문집인 『동국이상국집(東國李相國集)』 후집(後集) 권11에 수록된 『신인상정예문』 발문에 적힌 내용은 1234년에서 1241년 사이에 한국에서 주자 인쇄가 행해졌음을 말해 주는 최초의 기록이다. 발문에 보면, 인종(1123~1146) 때 최윤의 등 17명이 고

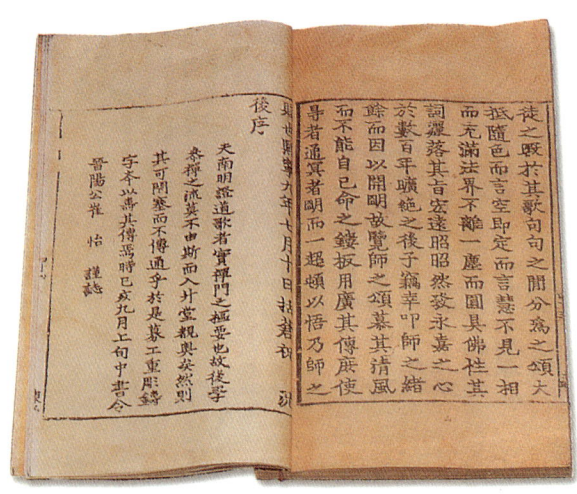

『남명천화상송증도가』
[자료 : 청주고인쇄박물관 〈한국 고활자 특별전〉]

---

20) 이희재, 앞의 논문, pp.107~108.

금의 예의에 관해 편찬한 50권의 『상정예문』이 있었으나, 해가 가면서 내용이 탈락되거나 글자가 빠지게 되어 다시 2부를 만들어 한 부는 예관(禮官)에 또 한 부는 최이(崔怡)의 집에 소장하였는데, 이중 예관에 둔 한 부는 몽골 침입으로 강화로 천도할 때 미처 가져오지 못하였고, 최이 소장의 1부만이 남게 되자, 이것을 기본으로 주자(鑄字)로 28부를 인쇄하여 각 관아에 나누어 소장케 하였다고 나와 있다. 인쇄 시기를 1234년에서 1241년이라고 하는 것은 강화 천도와 최이의 사망 연도 사이로 보기 때문이다. 따라서 금속활자 발명은 이 시기 이전으로 추정할 수 있으나 이것을 입증할 증거는 아직 나타나지 않고 있다.

둘째, 『남명천화상송증도가』의 권말에 기록된 간기에 의하면, 현재 남아 있는 이 책은 고종 26년(1239) 공인(工人)들을 모집하여 주자본으로 된 같은 책을 그대로 다시 목판에 새긴 것임을 알 수 있다. 따라서 1239년 이전에 이미 주자로 인쇄된 『증도가』가 있었으며, 이는 『상정예문』의 예와 더불어 13세기 중엽 이전에 금속활자 인쇄가 이루어졌음을 알려 주는 것이다.

셋째, 『삼봉집』과 『고려사』의 기록에서 알 수 있는 것은 14세기에 정도전이 서적포(書籍舖)에 주자를 두어 서적을 인쇄할 것을 요청하였으며, 공양왕 4년(1392) 서적원을 두어 주자를 관장하고 서적을 인쇄하는데 그 관리로서 영(令)과 승(丞)을 두었다는 사실이다.

구체적으로 정도전이 쓴 『삼봉집』에 들어 있는 치서적포시 병서(置書籍舖詩 並序)에는 "서적포를 설치하고 주자를 만들어 경사자서(經史子書)는 물론 제가(諸家), 시(詩), 문(文), 의학서, 병서, 율서 등의 서적을 모두 인출하여 학문에 뜻을 둔 사람들이 널리 책을 읽어 시기를 놓치고 한탄하는 일이 없도록 하고자 한다."는 내용이 나온다.

금속활자에 의한 인쇄술은 그것을 가능케 하는 몇 가지 기술적 조건이 갖추어져 있어야 한다. 그것은 첫째, 질기고 깨끗한 종이, 둘째, 인쇄용 먹의 제조, 셋째, 활자의 주조와 동판 기술 등의 발달을 말하는 것인데, 이러한 기술적 선행 조건은 13세기 전반기에 고려의 과학 기술이 충분히 갖추고 있었다.[21] 따라서 13세기 금속활자의 사용이라는 문헌 기록을 확실하게 받쳐주고 있다고 할 수 있다. 한편, 금속활자의 사용 시기를, 문헌의 기록보다 더 앞선 12세기라고 주장하는 학자도 있으나, 아직 정설로 확정된 것은 없다. 그러나 12세기에 금속활자를 발명할 수밖에 없었던 당시의 시대적 배경을 밝히는 손보기의 다음 주장은 경청할 필요가 있다.[22]

12세기 초, 고려는 목판 인쇄가 활발해지면서 책이 많이 모였다. 그런데 1126년 이자겸의 난이 일어나 고려의 궁궐이 불에 타 버리면서 수많은 서적과 목판도 함께 타 버렸다.

이러한 가운데 중국에서도 송나라는 금(金)나라의 침입을 받아 수도가 함락되어 송의 서적을 더 구할 길이 막히고 말았다. 이렇게 되자 고려는 책을 찍기 위해 목판을 새길 만한 경비를 들일 경황이 없는 데다, 경제 사정에 몰리게 되었다. 그 당시 배나무, 대추나무, 가래나무 등을 많이 잘라서 목판을 만들 능력도 없었다. 이러한 처지에서 고려는 많은 종류의 책을 찍어내야 하는 필요에 부딪치게 되었다. 이에 돈(해동통보 등)을 부어 내는 방법(1102년에 실시됨)으로 활자를 만들어 내는 일이 당시의 사찰 등

다리우스 1세 은화(기원전 522~기원전 486)
[자료 : 국립중앙박물관 〈황금의 제국 페르시아〉]

---

21) 전상운, 『한국과학기술사』, 정음사, 1976, p.192.
22) 손보기, 『금속활자와 인쇄술』, pp.119~120.

에서 이루어지게 된 것이다.

한국이 금속활자를 언제 어떻게 사용하게 되었는지에 대한 정확한 역사적 사실은 아직 밝혀지지 않은 상태이다. 그러나 금속활자를 만들 수 있는 과학 기술적인 요건을 고려 시대에 갖추고 있었다는 사실은 확인이 되고 있다.

금속활자를 만드는 일과 금속 주화 제조 작업은 같은 계통의 기술이 바탕이 되었을 것이다. 그런데 금속 주화는 최초의 제국을 이룩했던 아케메네스 왕조에서 이미 기원전 6세기에 제조된 바 있다.[23] 그렇다면 고려 시대 금속 주화의 제조는 기술의 측면에서 내세울 것이 못 된다고 볼 수 있다. 마찬가지로 금속활자의 발명도 기술적 역량 자체로는 큰 의미를 부여하기 어려울 것이다.

중요한 문제는 이미 2,500년 전에 그 바탕이 만들어진 금속활자의 발명이 세계 어느 국가에서도 이루어지지 않았다는 점이다. 그 이유는 무엇인가? 그리고 한국에서 세계 최초로 금속활자를 발명하여 인쇄 출판 사업을 본격적으로 전개한 역사적 사실은 어떻게 설명해야 하는가? 그것은 당시 지식인들의 문화적 수요, 또는 책에 대한 욕구가 특별히 강렬했기 때문일 것이다. 문자를 아는 지식인 계층의 비율은 낮았으나, 그 계층의 문화적 욕구는 매우 강렬했다고 볼 수 있다. 다시 말하면, 소수의 지식인 계층이었지만, 그들이 읽고자 했던 책들의 종류는 너무 많았다. 그 많은 수요를 충족시키고자 할 때, 기존의 목판 인쇄는 적합하지 못하였다. 즉, 짧은 시간에 많은 종류의 서적을 만들어내기 위한 방안으로 수시로 조판과 해체가 가능한 활자 인쇄 방법이 고안된 것이다.

요컨대, 당시 한국 지식인들의 강한 문화적 수요와 확고한 문화의식이

---

[23] 가장 오래된 금속주화는 페르시아 아케메네스 왕조의 다리우스(Darius) 1세 은화로 기원전 522~486년에 주조한 것이다(국립중앙박물관 편, 『황금의 제국 페르시아』, 국립중앙박물관 문화재단, 2008, pp.186~187 참조).

금속활자의 발명을 가능케 한 원동력이 된 것이다. 그것은 외적이 침입하는 급박한 상황에서도 『팔만대장경』을 조성하여, 문화 대국을 과시하며 국민총화를 이룩해 내었던 역사와 같은 맥락이라 할 수 있다. 이러한 문화적 전통 속에서 금속활자의 주조와 출판 사업은 왕조가 바뀐 이후에도 계속 이어져 온 것이다.

(2) 조선의 금속활자

1392년 역성 혁명에 성공한 이성계와 신진 사대부 세력은 처음에는 민심의 동요를 고려하여 국호와 수도를 그대로 두었다. 그러나 다음 해인 1393년 왕권을 확립하고 민심을 새롭게 하기 위하여 국호를 조선으로 바꾸고 한양으로 천도를 단행하였으며, 건국 이념으로 숭유배불주의(崇儒排佛主義)를 내세웠다. 다시 말하면 불교를 배척하고 유교를 정치, 문화, 사상계의 지도적 근본 이념으로 삼은 것이다. 이에 따라 교육과 과거 제도를 통하여 유학 이념에 투철한 사람들을 집중적으로 양성하였고, 유학 경전과 주자학 관련 서적의 간행 사업을 정부가 직접 관장하여 커다란 성과를 거두었다.

특히 조선조 제3대 왕인 태종은 고려 시대의 서적원 제도를 본받아 주자소를 설치하고 금속활자를 만들어 많은 책을 찍게 하였다. 태종이 금속활자를 만든 때는 1403년(태종3) 즉, 계미년(癸未年)이었기에 활자 이름도 그 해의 간지를 따라 계미자(癸未字)라 불렸다. 이러한 계미자를 만들 때의 사정은 권근(權近)의 『양촌집(陽村集)』에 나오는 주자발(鑄字跋)에 이렇게 나와 있다.[24]

---

24) 權近, 『陽村集』 卷22, 跋語類 '鑄字跋'. 金聖洙, "『직지』와 금속활자 인쇄의 가치와 중요성을 규명하기 위한 朝鮮初期 금속활자 간행도서의 주제 분석", 『서지학연구』, 제28호, 2004, pp.40~41.

왕이 신하들에게 말하기를, "무릇 나라를 다스리려면 반드시 널리 전적(典籍)을 보아야 한다. 그런 뒤에야 모든 이치를 추구하고 마음을 바르게 하여 수신제가치국평천하(修身齊家治國平天下)의 효과를 이루게 되는 것이다. 한국은 중국과 바다 건너 멀리 떨어져 있어서 중국 서적을 쉽게 구할 수 없고, 또 판각본[목판본]은 훼손되기 쉬우며, 또한 천하의 많은 책을 모두 간행하기 어렵다. 그러므로 내(왕, 태종)가 동활자를 주조하여, 서적을 구하는 대로 반드시 인쇄하여 널리 전파함으로써 진실로 무궁한 이익을 삼고자 한다."

당시 서적 인쇄는 국가의 중요한 사업이었기 때문에, 주자소에는 고위관료인 예문관 대제학을 책임자로 삼을 정도였으며, 그 경비 또한 백성들에게 걷지 않고 왕과 신료들이 모아 내도록 했음을 『조선왕조실록』에서 확인할 수 있다. 그 내용을 살펴보면 다음과 같다.

"주자소를 설치하고 예문관 대제학 이직(李稷), 총제(摠制) 민무질(閔無疾), 지신사(知申事) 박석명(朴錫命), 우대언(右代言) 이응(李膺)으로 제조(提調)를 삼았다. 내부(內府)의 동철(銅鐵)을 많이 내놓고, 또 대소 신료에게 명하여 자원해서 동철을 내어 그 용도에 이바지하게 하였다." (태종 3년 2월 13일)

앞에서 밝혔듯이, 이러한 금속활자의 주조와 서적 인쇄 사업은 세계 역사상 최초로 새로운 정보 기술을 출판 분야에서 실용화했다는 데에 커다란 의미가 있다. 다시 말하면, 활자 인쇄 기술을 활용하여 고려 시대 불교 사찰에서 그리고 조선 시대 중앙 정부에서 서적을 만들어 보급했다는 점에서, 한국의 인쇄 문화가 인류 문화사에서 중요한 비중을 차지하게 되는 것이다.

그렇다면 당시 금속활자를 어떤 방법으로 만들었을까? 고려의 금속활자 주조 방법과 조선조 중앙 정부에서 사용한 활자 제작 방법은 다른 것으로 알려지고 있다. 우선 『직지』 등을 찍어낸 고려의 금속활자는 밀납 주조 방식인 것으로 알려져 있는데, 제작 방법을 순서대로 제시하면 다음과 같다.25)

① 붓으로 쓴 글씨를 밀납판 위에 뒤집어 얹고 뜨거운 쇠붙이로 눌러 붙인다.
② 뒤집힌 글자 모양대로 글자를 새겨 각각의 밀납 활자를 만든다.
③ 만들어진 밀납 활자를 밀납봉에 나뭇가지 형태로 붙인다.
④ 밀납봉에 달려 있는 밀납 활자를 통에 넣는다.
⑤ 밀납 활자 위에 매몰토를 붓고 굳힌다.
⑥ 열을 가해 밀납을 녹인다.
⑦ 밀납을 녹여 낸 빈 공간에 쇳물을 부은 다음, 쇳물이 식으면 한 자 한 자 떼어서 다듬는다.

조선조 중앙 관서에서 실시해 온 활자 주조 방식은 흙이 아니라, 해감 모래를 사용하였다. 이 방식은 성현(成俔, 1439~1504)이 쓴 『용재총화(慵齋叢話)』에 소개되어 있는데, 그 책을 토대로 금속활자 주조 방법을 순서대로 제시하면 다음과 같다.26)

① 글자본을 정하거나 쓴다.
② 글자본에 따라 어미자를 나무에 새겨 만든다.
③ 나무에 새긴 어미자들을 평평한 판자 위에 늘어놓는다.
④ 그 어미자들을 맞뚫린 쇠북[거푸집]의 넓은 쪽을 밑으로 씌우고 그 쇠북에다 해감 모래를 넣으며 공이로 다진다.

---

25) 『너나들이 직지』, 청주고인쇄박물관, p.28.
26) 천혜봉, 『한국금속활자본』, 범우사, 1993, pp.16~18 ; 손보기, 『금속활자와 인쇄술』, pp.120~126.

⑤ 잘 다진 다음, 쇠북을 들어서 뒤집어 놓는다. 어미자들 사이에 홈길을 만들기 위해 나뭇가지 모양의 가지쇠를 놓는다.
⑥ 이 반쪽 쇠북에 이와 짝이 되는 다른 반쪽 쇠북을 얹고, 그 위에 다시 해감 모래를 부으며 공이로 다진다.
⑦ 위쪽 쇠북을 들어내고 양쪽 쇠북에 박혀 있는 어미자와 가지쇠를 걷어낸다. 이때 어미자와 가지쇠 사이에 홈길이 깨끗하게 생긴 것을 볼 수 있다.
⑧ 다시 위와 아래 반쪽 쇠북을 맞추어 결합한 다음, 뜨거운 쇳물을 쏟아 부으면 그것이 홈길을 따라 옴폭 찍힌 자국으로 흘러 들어가게 된다.
⑨ 쇳물이 식어서 굳으면, 양쪽의 쇠북을 분리시키고 가지쇠를 들어낸다. 그 가지쇠에는 만들어진 활자들이 매달려 있어, 이를 두들겨 하나씩 떨어지게 하거나, 쇠톱으로 잘라 떼어낸다.
⑩ 떼어낸 활자는 하나하나 너덜이 같은 것을 쇠줄로 깎고 다듬어 완성시킨다.
⑪ 잔손질한 활자들을 정리장에 같은 글자대로 모아 넣는다.

이러한 금속활자는 단단하여 오래 두고 거듭 쓸 수 있고, 목판 새기는 거창한 일을 하지 않고도 필요한 책을 찍어낼 수 있었다. 또한 책을 발간할 때 인쇄가 간편하고 경비 역시 절감되었다. 그러나 당시 계미자의 크기는 보통 1.3×1.4cm로[27] 매우 컸으니, 요즘 책의 글자 크기와 비교하면 4~5배나 된다고 하겠다. 그리고 계미자에는 다음과 같은 몇 가지 결점이 나타났다고 한다.[28]

우선 활자를 모래 속에 쇳물을 부어 만들었기 때문에 인쇄된 글자의 가

---

27) 전상운, 『한국과학기술사』, 정음사, 1976, p.203.
28) 전상운, 앞의 책, pp.194~195.

장자리와 한가운데에 먹물이 고르게 묻지 못하고, 활자체에 조금 떨어져 나간 부분이 생기는 것이다. 이러한 결함은 활자의 주형을 찍어내는 목형에 붙어 있던 모래알을 잘 털어내지 못한 것에 그 주요한 원인이 있었던 것 같다. 또 하나는 활자의 크기가 정확하게 일정하지 못하여 고정된 행간에 활자가 꼭 끼어 맞지 않았다.

이러한 계미자의 단점을 해결하기 위하여 세종은 새로운 청동 활자를 만들게 했다. 즉, 공조참판 이천, 전(前) 소윤(小尹) 남급 등에게 명하여 인판(印版)과 활자를 개조하도록 하였는데, 1420년(세종2) 11월에 착수하여 다음 해 완성하였다. 그렇게 하여 인판과 글자의 모양이 꼭 맞게 만들어져 활자가 움직이지 않고 인쇄 효율이 높아졌다고『실록』은 전하고 있다(『세종실록』 3년 3월 24일).

이렇게 개량한 경자자(庚子字)는 계미자와 비교할 때, 몇 가지 기술상의 발전이 이루어졌다.[29] 첫째, 글자의 등 몸체가 평평하게 되었다. 둘째, 작은 글자와 큰 글자의 배열이 가로 열로 일직선을 이루게 되었다. 셋째, 활자와 활자 사이, 줄과 줄 사이의 빈틈이 적어졌다. 넷째, 글자의 두께가 줄어들어 쇠의 소요량이 적어졌다. 다섯째, 글자가 작아졌다.

이후에도 금속활자 기술은 계속 발전되어 1434년(세종16) "한국 금속활자의 주조술과 조판술이 다같이 절정에 이르렀다."[30]고 평가되는 갑인자(甲寅字)가 나오게 되었다.

이러한 갑인자가 등장하게 된 배경은 크게 두 가지를 들고 있다.[31] 첫째, 갑인자 주조 당시는 세종의 문화 정책이 커다란 성과를 거두고 있었고, 이에 따라 많은 학자, 기술자 등이 배출되고 있었던 시기였다. 이런 속

---

29) 손보기, 『금속활자와 인쇄술』, pp.184~185.
30) 천혜봉, 『한국금속활자본』, p.54.
31) 손보기, 앞의 책, pp.185~188.

에서 그들의 취향에 맞는 활자를 만들고자 하는 욕구가 일어났던 것이다. 둘째, 종래 써 오던 경자자가 그들의 기호에 맞지 않게 된 점이다. 활자가 촘촘하고 더욱이 날카롭게 느껴져 글자 전체가 딱딱하다는 인상을 주고 있다. 그래서 여유 있고 부드러우며 아름답게 느껴지는 글자체를 채택한 것이다.

갑인자는 이처럼 당시의 취향에 맞았기 때문에 15세기 전반에 주조된 이래, 조선조 후기까지 갑인자를 바탕으로 삼아 활자들이 계속 만들어져 사용되었다.

(3) 조선의 출판 사업

다음은 조선조 초기에 주조된 활자로 어떤 책들을 출판해 냈는지 살펴 보기로 하자. 앞에서 보았듯이, 조선조는 건국 이념으로 숭유정책을 내세 웠기 때문에 유학 경전과 주자학 관련 서적의 간행 사업이 활발하게 진행 되었다. 성인의 가르침을 담고 있는 이러한 유학 경전은 조선 시대 내내 지식인들의 보편적인 독서물이 되었다. 또한 조선 시대에 서적은 정치, 행정 등 공적인 일에서든 개인적인 삶에서든, 준수해야 할 실천의 근거로서 작용하게 되었다.[32] 달리 말하면, 당시 서적의 간행에서 중요한 목적은 행위의 규범을 정하거나 확인하고 이를 널리 알리는 것이었다. 따라서 유학 경전과 역사서가 가장 큰 비중을 차지하였다.

이러한 전제에서 조선조 초기의 대표적인 금속활자인 계미자(癸未字), 경자자(庚子字), 갑인자(甲寅字)로 만들어진 서적들을[33] 하나씩 살펴보

---

32) 부길만, 『조선 시대 방각본 출판 연구』, 서울출판미디어, 2003, pp.206~207.
33) 현재까지 계미자 서적 14종, 경자자 36종, 갑인자 72종(1436년 주조한 丙辰字로 간행한 도서도 포함)이 알려져 있다(김성수, "『직지』와 금속활자 인쇄의 가치와 중요성을 규명하기 위한 조선 초기 금속활자 간행도서의 주제 분석", 『서지학연구』, 제28호, 2004 참조).

기로 하자.

① 계미자로 인쇄한 서적

1403년(태종3)에 만들어진 계미자로 인쇄한 서적 14종을 주제별로 살펴보면, 유학 서적과 역사서가 주류를 이루고 있다.

유학 관련 서적으로는 『진서산독서기을집상대학연의(眞西山讀書記乙集上大學衍義)』, 『예기천견록(禮記淺見錄)』, 『찬도호주주례(纂圖互註周禮)』 등 4종으로 나와 있다. 모두 유교 경전인데, 이 중에서 『대학연의』는 왕이 직접 주관하는 경연에서 교재로 활용되었다는 기록이 『조선왕조실록(이하 『실록』)』에도 나와 있다(태종 11년 10월 12일자).

역사서는 『십칠사찬고금통요(十七史纂古今通要)』, 『통감속편(通鑑續編)』, 『동래선생교정북사상절(東萊先生校正北史詳節)』 등 5종으로 가장 큰 비중을 차지하고 있다. 이 책들의 내용은 모두 중국사 일변도이다. 당시 선비들의 교양에서 중국사는 매우 중요한 위치를 차지하고 있었다. 정책 결정 과정에서 기준이나 근거를 과거 사례에서 찾는데, 한국사에서 관련 내용이 없을 경우, 중국의 사례를 중시했기 때문에 중국 역사서는 지식인들과 관료들의 필독서였다.

계미자로 인쇄한 서적은 이 외에도 문학, 법률, 지리 분야도 포함되어 있

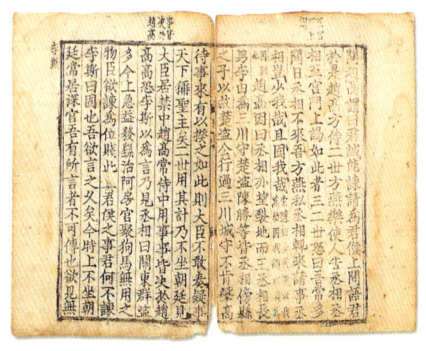

『십칠사찬고금통요』
[자료 : 청주고인쇄박물관 〈한국 고활자 특별전〉]

『십칠사찬고금통요』 활자판
[자료 : 청주고인쇄박물관 〈한국 고활자 특별전〉]

는데, 당시 꼭 필요한 서적들로서 중국의 목판 인쇄 도서를 수입하여 금속 활자로 간행한 것이다.

② 경자자로 인쇄한 서적

1420년(세종2) 주조한 경자자로 찍어낸 서적 36종을 주제별로 살펴보면, 유학, 역사, 문학 분야 서적이 커다란 비중을 차지하고 있다. 그 외에 의학, 외국어 학습, 군사학 등 실용적인 목적의 서적들이 다수 간행되었다. 이것을 계미자의 경우와 비교하면, 서적의 종류가 유학, 역사, 문학, 실용서 등으로 다양해졌음을 알 수 있다.

우선, 유학 관련 서적을 보면, 『진서산독서기을집상대학연의』, 『효경대의』, 『논어집주대전』, 『소학대문토(小學大文吐)』 등 7종으로 나와 있다. 그 대부분이 사서오경에 속하는 전적들로서 경연에서 자주 활용되는 책들이다. 또한, 어린이 교육을 위한 『소학』 등이 들어 있다. 그런데 특기할 것은 『장자권재구의(莊子 齋口義)』, 『노자권재구의(老子 齋口義)』 등과 같은 도가(道家) 서적이 나온 점이다. 이 서적들은 장자와 노자 사상에 대한 주석서인데, 그 입장이 유가사상(儒家思想)과 일치하고 있기 때문에, 간행

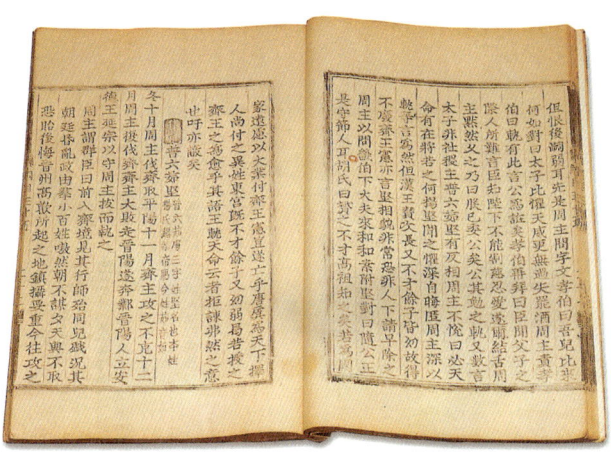

『자치통감강목』
[자료 : 청주고인쇄박물관 〈한국 고활자 특별전〉]

된 것으로 보인다.[34]

둘째, 역사서를 들 수 있는데, 『자치통감강목(資治通鑑綱目)』, 『통감속편』, 『중신자교정입주부음통감외기(重新資校正入註附音通鑑外記)』, 사마천 『사기』, 『전국책(戰國策)』, 『한서(漢書)』 등 11종으로 나와 있다. 주제를 보면, 계미자의 경우와 마찬가지로 중국사에 국한되어 있음을 알 수 있다. 이 중에서도 자치통감류의 서적이 큰 비중을 차지하는 것을 볼 수 있다. 『자치통감』은 송나라 사마광(司馬光)이 중국 역대 군신들의 사적을 편년체로 엮은 것인데, 조선 시대 경연에서 많이 사용되었다.

셋째, 문학 서적인데, 『송조명현오백가파방대전문수(宋朝名賢五百家播芳大全文粹)』, 『당률소의(唐律疏義)』, 『신간역거삼장문선대책(新刊歷擧三場文選對策)』 등 8종이 나와 있다. 이 문학서들은 산문, 시, 고부(古賦), 문선 등으로 그 종류가 다양하며, 조선 초기 인재 등용을 위한 과거 시험에서 사대부의 문장력을 연마하기 위한 방편으로 간행된 것으로 짐작된다.[35]

넷째, 실용 서적으로 우선, 의학서의 간행을 들 수 있으며, 『상한유서(傷寒類書)』, 『직지방(直指方)』, 『의방집성』 등 3종으로 나와 있다. 이 서적들은 혜민국이나 제생원 등 당시 의료 기관에 보내기 위한 것이었다. 『실록』에 의하면, 『상한유서』, 『직지방』 등의 서적은 의원(醫員)을 선발할 때, 강독할 의서(醫書)로 결정된 바 있다.[36]

외국어 학습을 위한 서적으로는 『노걸대(老乞大)』, 『박통사(朴通事)』, 『초사후어(楚辭後語)』 등이 있다. 이것은 중국어 역관들을 위한 교재로, 역관 선발에서도 활용되었다. 예조에서 사역원 관리들의 시험 고과 제도

---

34) 김성수, 앞의 논문, p.43.
35) 같은 논문, pp.43~44.
36) 『조선왕조실록』, 세조 10년 5월 15일자. 예조(禮曹)에서는 의원을 선발할 때 강(講)할 의서로서 정·종 6품은 『상한유서』를, 정·종 8품은 『직지방』을 강하게 해달라는 건의를 올린 바 있다(『실록』, 세조 10년 1월 2일자).

로서, 『노걸대』와 『박통사』 등의 서적을 사맹삭(四孟朔)37)으로 나누어 외게 할 것을 건의하니, 왕이 그대로 따랐다는 기록이 『실록』에 나와 있다 (세종 8년 8월 6일자).

그 밖에 군사학 서적으로, 『신전결과고금원류지론(新箋決科古今原流至論)』이 있다. 이처럼 의학이나 군사 등 다양한 분야로 서적 간행이 확장되고 있는 것은 조선조 왕권 확립과 함께 국가 체제가 정비되어 가는 데에 따른 것으로 보인다. 경자자는 세종 초기인데, 세종 후기인 갑인자의 주조 이후 출판 활동은 훨씬 더 활발해지게 된다.

③ 갑인자로 인쇄한 서적

1434년(세종16) 주조한 갑인자로 인쇄한 서적 72종을 주제별로 살펴보면, 유학, 역사, 문학, 과학 기술 분야 서적이 커다란 비중을 차지하고 있다. 그 외에도 의학, 지리 등 실용 목적의 서적들이 다수 출간되고 있다. 이것은 계미자나 경자자의 경우와 비교할 때, 서적 출판이 매우 다양해지

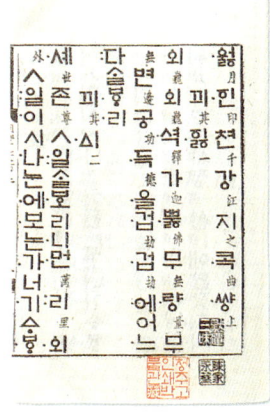
『월인천강지곡』

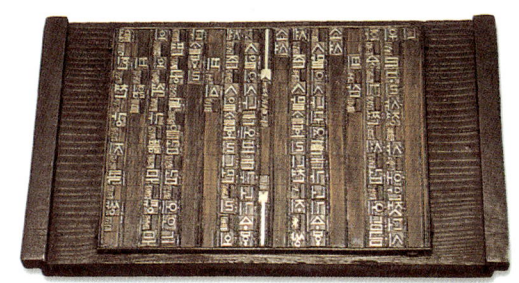
『월인천강지곡』 활자판

---

37) 사맹삭이란 봄, 여름, 가을, 겨울의 각 첫 달, 곧 음력의 정월, 사월, 칠월, 시월을 의미한다.

고 활발해졌음을 의미한다.

우선 유학 관련 서적으로 『대학연의』, 『근사록집해』, 『춘추경전집해』, 『시전대전』 등으로 9종이 있으며, 대부분이 경서류에 속하고 있다.

둘째, 역사 분야로서 『역대세년가(歷代世年歌)』, 『자치통감강목훈의(資治通鑑綱目訓義)』, 『전한서(前漢書)』, 『북사(北史)』(이상 중국사), 『동국세년가(東國世年歌)』, 『고려사절요(高麗史節要)』, 『동국통감(東國通鑑)』, 『국조보감(이상 한국사)』 등 12종의 전적이 있다. 이런 서적들의 특징을 보면, 그동안 중국사 일변도에서 탈피하여 한국 역사를 다룬 서적들이 간행되기 시작했음을 알 수 있다. 이것은 후술하겠지만, 우리 문학과 한글에 대한 커다란 관심과 자각과 연계된다.

셋째, 문학 서적인데, 『분류보주이태백시(分類補註李太白詩)』, 『찬주분류두시(纂註分類杜詩)』, 『당시고취(唐詩鼓吹)』(이상 중국문학), 『삼한시구감(三韓詩句鑑)』, 『월인천강지곡(月印千江之曲)』, 『동문선(東文選)』(이상 한국문학) 등 14종이다. 이렇듯 역사뿐만 아니라, 문학 분야에서도 한국의 시와 산문이 다수 간행되기 시작하였음을 알 수 있다.

넷째, 과학 기술 서적인데, 특히 천문과 산법(算法)에 대한 책으로 『오성통궤(五星通軌)』, 『태양통궤(太陽通軌)』, 『중수대명력(重修大明曆)』, 『칠정

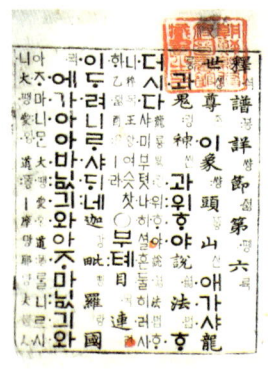
『석보상절』

『석보상절』 활자판

산내편(七政算內篇)』, 『칠정산외편(七政算外篇)』 등 13종이 있다. 이것은 세종 시대에 활자의 개발뿐만 아니라, 과학 기술의 발전에서도 커다란 진전을 이룬 것과 같은 맥락에서 나온 결과이다.

다섯째, 실용 서적으로 분류될 수 있는 의학서, 지리서 등이 간행된 점이다. 즉, 의학 서적으로『신간보주석문황제내경소문(新刊補註釋文黃帝內經素問)』이 있고, 지리서로는 한국의 지리를 설명한『동국지지(東國地誌)』, 중국의 지리와 풍속을 다룬『표해록(漂海錄)』, 일본의 지리와 여행기를 담은『해동제국기(海東諸國記)』등이 있다.

여섯째, 불교를 다룬 서적들도 『석보상절(釋譜詳節)』, 『법화경』, 『묘법연화경』, 원효의『대승기신론소(大乘起信論疏)』등 6종이나 간행되었다. 이것은 숭유배불 정책을 내세웠던 조선조의 건국 이념과 배치되는 것이었지만, 세종조 후기에 이르러 왕실 자체에서 불교를 수호하려 하였고, 정부 활자로서 불교 서적까지 간행해 낸 것이다. 특히,『석보상절』같은 서적은 수양대군에 의하여 직접 저술되고 간행된 점에서 불교 수호에 대한 왕실의 강한 의지를 확인할 수 있다.

이러한 갑인자에서 특기할 사항은 이 활자에 이르러 처음으로 한글 활자를 주조하여 한자와 병용한 점이다.[38] 이 한글 활자는 국역본『석보상절』과 『월인천강지곡』을 인쇄하기 위해 만든 것으로, 근대의 인쇄물에서 볼 수 있는 바와 같은 고딕체 큰 자와 가는체 작은 자의 활자인데, '초주갑인자 병용 한글자' 또는 '월인석보 한글자'라 일컫는다.[39] 한글 활자의 주조와 사용은 이후에도 계속되어 한글의 전파에 크게 기여하였다.

④ **정부 발행 서적의 인쇄 부수와 유통 방식**

세종 시대 후반기에 갑인자가 만들어진 이후에도 조선 시대 전 시기에

---

38) 천혜봉,『한국금속활자본』, p.49.
39) 같은 책.

걸쳐 활자들이 주조되고 많은 시적들이 간행되었다. 이러한 활자의 주조와 도서출판 사업은 문화사적으로 커다란 의의를 갖고 있지만, 그 발행 부수와 유통 방법에서는 한계에 봉착한다.

『실록』의 기록에 의하면, 하루 인쇄량이 계미자의 경우 불과 몇 장, 경자자는 20여 장, 갑인자는 40여 장으로 나와 있고, 그 이후에도 크게 늘어난 것으로 보이지 않는다.[40] 서적의 발행 부수도 대부분 수십 부 정도에 머물고 있다. 물론 『농서』 같은 실용 서적의 경우 1,000부를 발행한 바 있지만, 지방 정부로 넘겨 시행한 것이다.[41] 정부는 부수가 많이 필요한 책은 금속활자본을 대본으로 지방에 보내 목판 인쇄를 하게 하였다.

유통 방법도 반사(頒賜)제도[42]에 의존함으로써 광범위한 서적의 보급이 제한될 수밖에 없었다. 반사란 중앙 정부나 지방의 감영에서 필요한 서적을 활자나 목판으로 인쇄한 다음, 왕의 명령에 따라 중요 서고, 의정부를 비롯한 국가 중요 부서와 지방 관아, 향교, 서원, 성균관 및 서학(西學)의 유생 등에 보급시키는 제도이다. 이렇게 반사된 책은 왕의 하사품이므로 책의 지질, 장정, 인쇄 상태가 양호하고 본문의 교정이 철저하여 오자와 탈자가 없는 가치 있는 관판본으로 파악되고 있다.

그러나 이러한 반사제도는 그 반사의 대상이 관직을 가진 양반층을 중심으로 이루어져 일반 백성은 물론 선비들조차 그 혜택을 누릴 수 없었다. 다시 말하면 도서의 판매 활동이 사회 전체적으로 이루어지지 못함에 따라 발행 부수의 증가나 인쇄 기술의 발달이 조선조 내내 정체되고 말았다. 이것은 도서의 수요와 공급이 주로 상업적 측면에서 형성된 서양의 경우

---

40) 이혜은, 『조선조 문헌의 발행부수와 보급에 관한 연구』, 숙명여자대학교 문헌정보학과 도서관학 전공 석사학위논문, 1996, p.13.
41) 1428년(세종10) 경상도에서 왕의 명령에 따라 『농서』 1,000부를 인쇄하여 올린 바 있다.
42) 반사제도는 이혜은, 앞의 논문, pp.26~28 참조.

와 대비되는 현상이다. 특히 독일에서 구텐베르크의 활판 인쇄술이 등장한 이후 서적의 발행부수는 급격하게 늘어났고 인쇄술의 발달과 확산을 더욱 촉진시켰다. 이 시기는 세종조(1419~1450) 이후에 해당된다. 세계 인쇄 문화사에서 볼 때, 세종조 이후는 구텐베르크가 활판 인쇄술을 본격적으로 개발하고 보급시킨 시기에 해당된다.

『훈민정음 (영인본)』   『훈민정음』 목판

4. 유럽의 활판 인쇄

(1) 활판 인쇄술 등장의 의의

금속활자 인쇄는 세계에서 가장 이른 시기에 한국에서 시작되었지만, 수요자층이 제한되고 인쇄 기술도 정체 현상을 보이면서 국외로 뻗어나가지 못하였다. 그러나 뒤늦게 독일에서 시작된 활판 인쇄는 그 기술이 유럽 전역으로 급속도로 퍼져 나가면서 광범위한 계층의 사람들이 책을 가질 수 있게 만들었다. 이에 따라 학문과 교육 및 과학 기술이 발달하고 지식의 대중화가 이루어졌다. 또한 사람들의 사고방식과 생활 양식 및 문화 전반에 걸쳐 커다란 변화가 일어났다.

당시 새로운 인쇄술의 등장은 르네상스 곧 '14세기부터 16세기에 걸쳐 이탈리아에서 시작되어 유럽 전역에 확산된 대규모 문화 혁명'의 시기와 맞물리면서 '근대'라는 새로운 정신의 탄생에 결정적인 역할을 하게 되었다.[43] 전통적인 권위에 대한 맹신을 거부하고 스스로 생각하며 진리와 지식을 찾고자 하는 사람들은 기존의 권위로부터 해방시켜 줄 수 있는 책을 필요로 했다. 바로 이때 구텐베르크는 그 책을 사람들 손에 쥐어 주었다. 즉, 새로운 정신의 혁명을 가능하게 하는 길을 구텐베르크의 인쇄술이 마련한 것이다.[44]

1999년 말 새로운 밀레니엄을 맞이하면서 《타임》지가 지난 1,000년 동안 인류 역사에 가장 큰 영향을 끼친 발명으로 '구텐베르크의 금속활자'를 선정할 정도로, 구텐베르크의 역사적 의의는 매우 크다고 할 수 있다.

(2) 구텐베르크의 생애와 작품

구텐베르크는 인류 문화사에 큰 영향을 미쳤지만, 그의 생애와 활동에 대해서 확실하게 알려진 것은 많지 않다. 그에 관하여 알 수 있는 기록은 의외로 적은데, 1439년 슈트라스부르크의 소송 기록, 1455년 푸스트와의 재판 기록 정도가 남아 있을 뿐이다.

구텐베르크는 독일 마인츠 시의 귀족인 겐스플라이슈(Furiele Gensfleisch Zur Laden)

구텐베르크 초상
[자료 : Museum, Gutenberg-Museum Mainz]

---

43) 이성우, "인류 의식의 변화와 성서 연구 방법론의 연관성", 『인간연구』 제7호, 가톨릭대학교 인간학연구소, 2004, p.202.
44) 같은 논문, p.203.

의 장남으로 태어났다. 그의 원래 이름은 요하네스 겐스플라이슈 춤 구텐베르크(Johannes Gensfleisch zum Gutenberg, 여기에서 'Gutenberg'는 저택의 이름)인데, 보통 구텐베르크라고 불린다. 태어난 해는 1397년에서 1404년 사이라고 할 정도로 확실하지 않으며, 1468년에 죽은 것으로 나와 있다.

구텐베르크는 유년 시절에 마인츠에서 금속 세공 기술을 배운 것으로 짐작된다. 즉 그의 아버지는 오늘날 조폐 공사와 같은 기관에 관여했던 사람이어서, 구텐베르크는 일찍부터 금속 세공에 접할 기회가 많았고, 그것이 활자 발명의 동기가 되었을 것이라고도 한다.[45]

또한 1434년에 슈트라스부르크로 옮긴 구텐베르크는 그곳에서 보석 가공과 거울 제조 사업을 벌였기 때문에, 신비한 기술을 가진 인물로 알려졌다고 한다. 그는 슈트라스부르크 시민들에게 수업료를 받고 거울 제조기

인쇄 작업을 하는 구텐베르크
[자료 : 청주고인쇄박물관 〈한국 고활자 특별전〉]

---

45) 庄司淺水, 『定本 庄司淺水著作集, 書誌篇 第五卷 印刷文化史』, 東京 : 出版ニュース社, 1980, p.133.

술을 가르쳐 주었으며, 또한 사람들을 고용하여 '인쇄 작업'을 준비하고 있었음이 슈트라스부르크 소송 기록을 통하여 밝혀지게 되었다고 한다.

이후 마인츠로 돌아와서 활판 인쇄술을 개발하여 인쇄 사업을 벌였다. 초기에는 만들기 쉽고 수요가 많은 다음과 같은 책들을 인쇄하였다.[46]

7월 달력 (1496년 프랑스 파리)
[자료 : Incunabula, Books of the Fifteenth Century from the Presses of One Hundred Towns]

---

46) 김세익, "세계 출판의 역사",『세계의 출판』, 한국언론연구원, 1991, pp.36~37 ; 존 맨 지음, 남경태 옮김,『구텐베르크혁명』, 예지, 2003, pp.195~197.

첫째, 『도나투스(Donatus)』이다. 라틴어 표준 문법서로서, 실제 책 제목은 『문법론』이다. 보통 책 제목보다도 저자인 로마의 문법학자 도나투스(Aerius Donatus)의 이름으로 불렸다. 28쪽밖에 안 되는 짧은 분량에다 시장이 확실했으므로 유리한 사업이었다.

이 책을 위해서 구텐베르크는 활자를 만들었는데, 이 활자는 또한 달력을 인쇄하는 데에도 사용되었으므로 나중에는 도나투스 칼렌더(Donatus Kalender) 서체 혹은 줄여서 D-K체라고 불리게 된다. 『도나투스』는 이후에도 오랜 세월에 걸쳐 24가지 판본으로 수천 권이 인쇄되었다.

둘째, 『세계 심판의 단편』이다. 15세기 당시 독일에서 유행하던 노래나 민요 등을 모은 책으로, 그 중에 최후의 심판에 관한 것이 있어서 이런 이름이 붙여졌다. 구텐베르크의 초기 작품으로 인정되고 있지만, 연대가 확실하지 않다. 그것은 초기의 출판물에는 현재와 같은 판권지가 없어서 누가 어디서 언제 출판했는지 알 수 없기 때문이다.

셋째, 면죄부이다. 중세 가톨릭 교회에서 헌금을 낸 신도에게 그 보상으로 교부한 것으로 죄를 용서받을 수 있다는 증서였다. 이 면죄부는 처음에는 필사하였으나, 나중에는 인쇄기를 통하여 대량으로 찍어냈다. 구텐베르크도 초기에 교회의 위탁을 받아 많은 면죄부를 찍어냈다. 그 외에도 구텐베르크가 본격적인 성서 인쇄 사업을 시작하기 전에 찍어냈다고 여겨지는 책은 『1458년 천문력』, 『콘스탄츠미살(Konstanz Missal)』 등이 있다. 그리고 다음 항목에서 서술하게 될 『42행 성서』의 인쇄 사업에 본격적으로 들어가게 된다. 그러나 이 사업 과정에서 사업 자금을 빌린 푸스트와의 소송에서 패한 이후, 어려운 입장에 처하였다. 이후 본격적인 인쇄 사업은 푸스트와 쇠퍼에 의해서 이루어지게 되었다. 말년에 구텐베르크는 마인츠의 독지가인 후메리(Korad Humery)의 원조를 받아 마인츠의 교외인 엘트빌레에 '제2의 인쇄 공장'으로 불리는 새로운 공장을 세웠다. 여기에서 제자인 피스터(Pfister)와 함께 『36행 성서(일명 피스터 성서)』를 출판했다.

(3) 42행 성서

얇은 책자들을 성공적으로 찍어내 자신감을 얻은 구텐베르크는 이번에는 큰돈을 벌고자 본격적인 성서 인쇄 작업에 들어갔다. 당시의 성경은 수도원의 필사승들이 양피지에 한 자 한 자 써내려갔기 때문에, 책 한 권을 필사하는 데 보통 6개월 정도 걸렸다고 한다. 책값도 대단히 비싸서 필사본 성경 한 권의 값은 100굴덴이었다고 한다. 당시 100굴덴은 마인츠시 고위 공무원의 1년치 월급에 가까운 액수이고, 지방 부호의 커다란 저택 한 채에 해당하는 값이었다고 한다.[47] 따라서 그러한 성경을 만들어낼 수 있는 인쇄술은 큰돈을 벌 수 있는 기술로 생각되었다. 그러나 구텐베르크의 경우, 처음에는 인쇄 시설과 인쇄 기계를 위한 투자비가 너무 컸던 관계로 도산하고 말았다. 이 이야기를 좀 더 알아보자.

말러미 성경(Malermi Bible)에 나오는 니콜로 말러미의 필사 작업(1490년 베니스)
[자료 : An Introduction to a History of Woodcut with a Detailed Survey of Work Done in te Fifteenth Century]

---

47) 방정배, 『자주적 말길이론』, 나남, 1988, p.243 ; 香內三郎, 『活字文化の誕生』, 晶文社, 1982, p.12.

구텐베르크는 성서를 값싸고 대량으로 간행할 목적으로 납 활자를 사용하여 인쇄하는 방법을 생각해 내었다. 그러나 이를 위해서는 많은 자금이 필요했다. 그래서 그는 1450년 8월 마인츠의 자본가인 푸스트(Johannes Fust)에게서 사업 자금으로 800굴덴을 빌렸다. 이자는 연 6부로 정하였다. 그리고 1452년 말에 다시 800굴덴을 추가로 빌렸다. 그런데 성서 인쇄는 당시로서는 매우 어려운 작업이었기 때문에 생각한 것처럼 진행되지 못했다.

원래 푸스트가 자금을 댄 목적은 하루라도 빨리 이 새로운 기술을 활용해서 큰 이득을 얻자는 것이었다. 그러나 겨우 기술의 완성은 보았지만 이것으로 큰 이득은 없고, 이대로 구텐베르크에게 맡겨 두면 세월만 흐를 것으로 보여 하나의 계책을 생각해 내었다. 즉 구텐베르크의 수제자인 쇠퍼(Peter Schoeffer, 1430~1502)와 함께 스스로 인쇄 사업을 벌이기로 결심한 것이다.

푸스트와 쇠퍼 인쇄소 마크
[자료 : Schrift Druck Buch Im Gutenberg-Museum]

윌리엄 캑스톤 인쇄소 마크
[자료 : Incunabula, Books of the Fifteenth Century from the Presses of One Hundred Towns]

나중에 푸스트의 사위가 된 쇠퍼는 파리 대학 출신으로 교양도 있고 필사 기술도 뛰어난 청년이었다. 푸스트는 전에 구텐베르크에게 융자해 준 1,600굴덴과 이자 426굴덴, 합계 2,026굴덴의 반환 소송을 일으켜 저당 잡힌 인쇄 기구, 재료, 제품 등의 몰수를 계획했다. 물론 이런 거액의 채무를 갚을 능력이 없었던 구텐베르크는 재판관에게 채무 독촉의 부당함을 설명하고 반환 기일을 연장해 주도록 요청했다. 그러나 재판의 결과(1455년 11월) 구텐베르크는 패소하여, 푸스트에게서 처음 빌린 800굴덴의 자금으로 만든 활자와 인쇄 기계는 물론이고 인쇄 중인 성서도 푸스트의 소유가 되었다.

이것은 당시의 재판 기록을 통해 알려진 사실이다. 이렇게 소유권을 확

구텐베르크 『42행 성서』의 한 페이지   『36행 성서』의 한 페이지

[자료 : Johannes Gutenberg sein Leben und sein Werk]

보한 푸스트는 쇠퍼와 함께 사업을 벌였고, 『42행 성서』의 인쇄 작업을 완성하게 되었다.[48]

마인츠에서 만들어낸 『42행성서』는 현재 양피지본 12부, 종이책 35부가 남아 있다고 하는데, 당시 전체 발행 부수는 대략 180부로서 양피지본이 30~35부, 종이책이 145~150부 정도를 인쇄한 것으로 추정하고 있다.[49]

상하 2권으로 되어 있는 『42행성서』는 크기가 세로 42cm, 가로 30.5cm인데, 편집 체재는 본문이 2단 조판, 사용된 활자는 20포인트의 고딕체이다. 인쇄는 흑색이며 머리글자는 공백으로 두었다가 인쇄한 다음에 손으로 붉은색과 푸른색으로 채색했다. 본문은 1면에서 9면까지 40행, 10면이 41행, 그 다음부터 42행으로 되어 있다. 그렇기 때문에 흔히 『42행 성서』라고 불린다.[50]

당시 인쇄 속도는 인쇄공 2인이 1대의 인쇄기에서 작업할 경우 1시간에 8~16페이지 정도였다. 상하 2권 합쳐서 1,282페이지인 『42행 성서』 180부를 전부 인쇄하려면, 하루 평균 10시간 작업을 가정하고 6대의 인쇄기가 동시에 가동되었다고 할 때, 소요 기간은 300일이 넘는다는 계산이 나온다.[51]

(4) 활판 인쇄술의 전파

구텐베르크의 인쇄 작업에서 중요한 요소들이 몇 가지 있다.

---

48) 현재 파리 국립도서관에 소장되어 있는 『42행 성서』는 크레머(Heinrich Cremer)에 의해 1456년 8월 15일에 채색되고 8월 24일에 제본되었다고 권말에 기록되어 있어서, 이 책이 1456년 8월 15일 이전에 인쇄된 것으로 확인되고 있다. 이 『42행 성서』에도 간기가 없었기 때문에 그 책의 최초 소유자의 위와 같은 기록에 의해 출판 연도를 판단하고 있다(김세익, "세계 출판의 역사", p.38 참조).
49) 戶叶勝也, 『ヨーロッパの出版文化史』, 東京 : 朗文堂, 2004, p.48.
50) 『42행 성서』의 편집에 대한 설명은, 庄司淺水, 앞의 책, p.161 참조.
51) 戶叶勝也, 앞의 책, p.48.

첫째는 금속활자를 만드는 일이다. 이것은 앞서 보았듯이 금속활자는 이미 오래 전에 고려에서 발명되어 사용되고 있었다. 그리고 유럽에서도 금속활자의 주조 방법은 구텐베르크 이전부터 알려져 있었다.[52] 결국 구텐베르크의 활자 작업은 그 개량이라고 할 수 있다.

둘째, 활자들을 묶어 조판하는 기술이다. 이것은 활자들을 한데 모아 인쇄할 판을 만드는 작업이다. 구텐베르크는 활자 틀을 발명했다고 볼 수 있다. 그가 만든 개별 알파벳의 주조는 그 높이가 같았고 줄을 지어 조판할 수 있었다.[53]

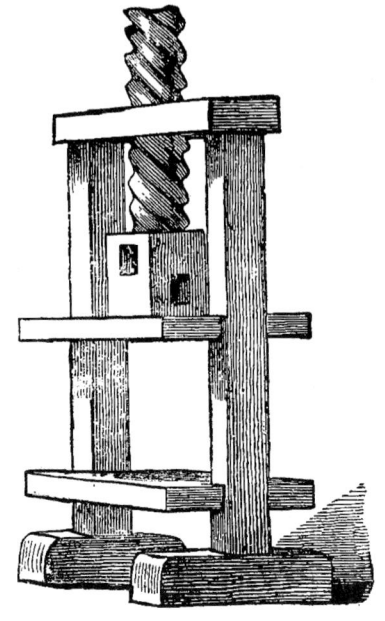

구텐베르크 당시 인쇄기
[자료 : The Student's History of Printing]

셋째, 압착기이다. 이 압착기는 원래 로마 시대 이전부터 포도주와 기름을 짤 때 사용된 것이었는데, 구텐베르크는 이 기술을 인쇄에 응용하였다. 조판된 페이지들은 묵직한 금속 덩어리로 성인의 몸무게만큼이나 무거웠으므로, 프레스의 누름판이 위에서 내려와 전체를 고른 압력으로 눌러 주어야만 선명한 인쇄가 가능했다.[54]

넷째, 인쇄용 잉크이다. 구텐베르크는 실험의 결과로 색이 깊으면서도 윤기가 나는 검은색 인쇄용 잉크를 개발했는데, 그것은 색소가 없고 빨리

---

52) 같은 책, p.36.
53) 어빙 팽 지음, 심길중 옮김, 『매스커뮤니케이션의 역사』, 한울, 2002, p.67.
54) 존 맨, 앞의 책, p.182.

마르는 니스에 검댕을 첨가하여 만든 것이었다.[55]

이러한 구텐베르크의 인쇄술은 급속히 퍼져 나갔다. 독일이란 나라가 서유럽의 중심부에 위치한 유리한 입지 조건과 르네상스, 원거리 교역 및 상공업의 확대에 힘입어 빠르게 전 세계로 퍼져 나갔다.[56] 1500년 이전에 이미 259개의 도시에 1,125개의 공장이 가동되었으며, 지역적으로도 독일, 이탈리아, 스위스, 프랑스, 네덜란드, 스페인, 벨기에, 영국, 오스트리아, 스웨덴, 포르투갈, 덴마크 등 매우 광범위하게 퍼졌다.[57] 이것을 인쇄가 행해진 시기를 주요 도시별로 살펴보면 다음과 같다.[58] 마인츠 1450년경, 슈트라스부르크 1461년, 쾰른 1466년, 로마 1467년, 바젤 1468년, 파리 1471년, 리옹 1473년, 위트레히트 1473년, 발렌시아 1474년, 브뤼셀 1476년, 런던 1477년, 빈 1482년, 스톡홀름 1483년, 리스본 1489년, 코펜하겐 1493년 등이다.

이러한 전파는 16세기에도 계속되어 1503년 터키의 이스탄불, 1553년 러시아의 모스크바, 1556년 인도의 고아, 1590년 일본의 카주사(Kazusa), 1639년 미국의 케임브리지(Cambridge/Mass.), 1640년 이란의 이스파한, 1644년 중국의 상하이, 1752년 캐나다의 핼리팩스, 1784년 남아프리카의 케이프타운, 1802년 호주의 시드니로까지 뻗어 나갔다.[59]

이처럼 인쇄술이 널리 빠르게 퍼진 이유는 무엇일까? 모든 기술의 전파는 사회적 수요와 역사적 조건에 부합할 때 가능해진다. 그 경우라야 기술

---

55) 한스 요아힘 그립 지음, 노선정 옮김, 『읽기와 지식의 감추어진 역사』, 이른아침, 2006, p.388.
56) 방정배, 앞의 책. p.241.
57) R. E. Wolseley & L. R. Campbell, *Exploring Journalism*, Englewood Cliffs, N. J., Prentice-Hall Inc., 1957, p.603 ; Helmut Presser, *Johannes Getenberg*, Reinbek bei Hamburg, Rowohlt Taschenbuch Verlag GmbH, 1979, p.160.
58) Helmut Presser, *Johannes Getenberg*, p.160.
59) 같은 책, p.161.

의 효능이 극대화되며 기술 자체도 발달하게 된다. 이런 인식을 토대로 구텐베르크 활판 인쇄술의 전파 요인을 다음과 같이 설명할 수 있을 것이다.[60]

첫째, 유럽에서 새롭게 대두된 상공(商工) 시민 계층(이른바 부르주아지)의 성장과 세력 확장이 인쇄업 발전의 조건이 되었다. 특히 북부 이탈리아 도시들을 근거로 인쇄업이 성행하였는데, 이것은 인쇄업에서 생산해내는 유인물들이 무역업과 상공 시민 계층의 상품 정보뿐만 아니라, 교역을 위한 정치·경제적 뉴스 수요가 그만큼 급증해 있기 때문이었다.

둘째, 인쇄술 발달의 전제는 종이 생산 기술의 개발이다. 당시 유럽에서는 중국에서 12세기에 건너온 제지 기술에 의해서 종이가 원활하게 생산되고 있었으며, 13~14세기 상업 자본의 형성과 축적 및 부기 수요의 증대에 따라 종이 수요가 급증함으로써 종이 생산업이 발전하고 있었다.

셋째, 인쇄업 발전의 전제 조건은 인쇄물이나 책을 읽어낼 수 있는 보통 사람들의 수용 능력의 확대이다. 시민 계층의 사회 진출을 통하여 일반 도서들이 많은 수용자를 만나게 되었으며, 라틴어로 씌어진 성서도 자국어로 번역되어 널리 읽혔다.

넷째, 인쇄업 발전의 전제는 인쇄업 경영을 위한 상업 자본의 형성과 인쇄물을 수용할 수 있는 경제적 능력의 증대이다. 앞서 설명했듯이, 구텐베르크가 작은 책자의 발간에서는 어느 정도 성과를 볼 수 있었으나, 값비싼 성서 인쇄 사업은 완성을 보지도 못한 채, 도산하고 말았다. 이것은 그 당시 인쇄소 설치를 위한 투자비가 엄청나게 크고 판로 시장이 결여되었던 탓으로 인쇄소 운영의 채산성이 극히 저조했기 때문이었다. 그러나 16세기에 이르러 상공시민 계층이 부상하여 유인물과 서적의 수요가 증대하면서 인쇄 출판업은 발전하게 되는 것이다.

---

[60] 방정배, 앞의 책, pp.240~244.

(5) 인쇄술 등장 초기의 간행본

구텐베르크가 인쇄술을 발명한 이후 15세기 말까지의 약 50년 동안에 출판된 책을 초기 간행본 즉, '인큐내뷸러(incunabula)'라고 부른다.[61] 당시 인쇄된 서적들이 수없이 쏟아져 나왔지만, 그것이 어느 때 누구에 의해

푸스트와 쇠퍼가 양피지에 인쇄한 『마인츠 시편』
[자료: Museum]

---

61) '인큐내뷸러'는 요람이라는 뜻의 라틴어 인쿠나불룸(incunabulum)의 복수형인데, 서구의 인쇄 역사에서 이른 시기(유아기)의 인쇄물이라는 의미로 사용된다. (Douglas C. McMurtrie, *The Book : The Story of Printing & Bookmaking*, New York, Oxford University Press, 1957, p.304 참조).

서 발행된 것인지는 알기 어렵다. 왜냐 하면, 대부분의 인쇄물에는 서지사항을 알려 주는 판권지에 해당되는 것이 없었기 때문이었다.[62] 인쇄 서적에 페이지를 달고 인쇄 연도와 인쇄인 그리고 인쇄 장소 등을 알 수 있는 판권지를 넣은 것은 구텐베르크의 제자였던 피터 쇠퍼[63]가 최초였다. 말하자면 오늘날 책의 체재는 쇠퍼에 의해 그 기초가 마련된 것이라 할 수 있다. 그의 출판물로는 『1457년판 시편(詩篇)』, 『35행 도나투스』, 『48행 성서』 등이 있는데, 이 모두가 중세의 귀중본들이다. 특히 『1457년판 시편』은 15세기 출판물 중에서 가장 우수한 것으로 선명한 인쇄, 품위 있는 조판 형식 등 초기 간행본 중에서도 매우 아름다운 책으로서 판권 사항이 소상히 적혀 있는 완벽한 출판물이었다.

이 초기 간행본들은 출판 문화사 연구에 매우 소중한 자료이기 때문에, 전체 목록을 확인하려는 작업이 다음과 같이 이루어진 바 있다.[64] 런던의 영국 국립도서관은 구텐베르크의 『도나투스』 초판부터 1500년까지 활자로 인쇄된 모든 출판물을 총망라해서 전체 주제를 확정하고자 하였다. 이 계획은 '인큐내뷸러 문헌명 목록(incunabula short-title catalogue, ISTC)'이라고 불린다. 이 목록에는 현재 16개국의 96개 도서관에 소장된 2만 8,360권이 수록되어 있는데, 유럽의 거의 모든 언어를 망라한다.[65]

1500년까지 유럽의 인쇄소들이 인쇄한 서적은 무려 1,500~2,000만 권에 달하는 것으로 추산된다.

---

62) Douglas C. McMurtrie, 앞의 책, p.304.
63) 쇠퍼에 대한 설명은 김세익, "세계 출판의 역사", 『세계의 출판』, 한국언론연구원, 1991, pp.39~40 참조.
64) 존 맨, 『구텐베르크 혁명』, p.285.
65) 간행본들의 언어 구성을 살펴보면, 라틴어 77%, 이탈리아어 7%, 독일어 6%, 프랑스어 4.6%, 스페인어 1.3%, 네덜란드어 1.1% 정도였고, 나머지는 영어, 히브리어, 그리스어, 교회 슬라브어 등이라고 한다(한스 요아힘 그립, 『읽기와 지식의 감추어진 역사』, p.392).

초기 간행본을 주제별로 살펴보면, 종교 서적이 45%로 가장 많고, 문학 서적이 30%, 법학과 과학 서적이 각각 10%, 기타 도서가 5% 정도였다.[66] 당시의 시대 상황에서 종교 서적이 압도적인 비중을 차지한 것은 당연한 일이며, 인쇄업자들은 종교서 중에서도 설교집을 가장 선호하였다. 그 중에서 최대의 성공을 거둔 것은 토마스 아 켐피스(Thomas a Kempis, 1379~1471)의 『그리스도를 본받아』였다. 이 책은 15세기에 이미 99판이 나왔다는 주장이 있을 정도로 당대 최고의 베스트셀러였다고 할 수 있다.[67]

그러나 이와 같은 종교 서적의 활발한 간행에도 불구하고 민중의 대부분은 활판 인쇄술이 발명된 지 20년 후쯤에는 종교 관계의 책에 등을 돌리고 세속적인 오락서에 흥미를 갖기 시작했다는 주장도 있다.[68] 이는 상류 계층의 전유물로 인식되던 서적이 15세

1488년 슈트라스부르크에서 간행된 악보집의 한 페이지
[자료 : Incunabula, Books of the Fifteenth Century from the Presses of One Hundred Towns]

---

66) 김세익, "세계 출판의 역사", p.45.
67) Karl Schottenloher, *Book and the Western World*(tr. by William D. Boyd and Irmgard H. Wolfe), Jefferson, North Carolina, McFarland & Company Inc., 1989, p.87.
68) Rolf Engelsing, 中川勇治 譯, 『文盲と讀書の社會史』, 東京 : KIC思索社, 1985, pp.44~45.

기 후반에 어느 정도 일반 대중 속으로 침투되었음을 보여 주는 것이라 할 수 있다. 그리하여 1498년 브란트(Sebastian Brant)가 "서적이란 예전에는 부자나 왕만이 소유할 수 있었다. 그러나 인쇄인들 덕분에 지금은 곳곳에서 검소한 일반 가정에서도 발견된다."라고 말했을 정도였다.[69]

이런 분위기 속에서 서적의 평균 발행 부수도 해마다 늘어나서, 인쇄술 발명 초기에는 100~150부이던 것이 1470년대에 들어서면 200~300부, 그 이후에는 400~500부, 더 나아가 15세기가

1493년 프랑스 파리에서 간행된 아리스토텔레스의 『니코마코스 윤리학』
[자료: Incunabula, Books of the Fifteenth Century from the Presses of One Hunered Towns]

끝나갈 무렵에는 평균 발행부수가 1,000부에 이르게 되었다.[70] 발행 부수가 1,000부 이상이 되는 서적들도 상당수 있었는데, 예를 들면 1490년대에 피렌체에서 출판된 플라톤 저작집은 발행 부수가 1,025부, 아리스토텔레스의 『정치학』은 1,500부였고, 그 외의 설교집도 보통 1,000부 단위로 시장에 나가는 경우가 많았다.[71]

또한, 책의 크기도 인큐내뷸러 등장 초기(1450~1470년)에는 작은 사이즈의 책을 찾아보기 어려웠는데, 1490년대에는 활자 주조 기술의 발달로

---

69) Helmut Presser, *Johannes Gutenberg*, Reinbek bei Hamburg, 1979, p.125.
70) Rolf Engelsing, 앞의 책, p.39.
71) 같은 책, p.40.

아주 작은 사이즈의 책들도 등장할 수 있었다.[72]

(6) 새로운 서적 시장의 형성

유럽에서 서적 시장의 싹이 보인 것은 활판 인쇄술 등장 이전에 대학의 설립에서부터라고 할 수 있다. 즉, 1158년에 볼로냐(Bologna)에서 시작된 대학의 설립은 책의 생산과 분배, 그리고 지식과 정보에 대한 수도원의 독점 체제를 뒤흔들었고, 지적 생활의 중심이 수도원에서 대학으로 옮겨가면서, 상인과 필사자들은 교수와 학생들을 대상으로 책 장사를 시도한 바 있다.[73] 그러나 본격적인 서적 시장의 형성은 15세기 중반 인쇄술의 발명과 전파 이후였다. 말하자면, 일일이 손으로 써서 필사본을 만들어내던 것과는 달리, 엄청나게 많은 규격화된 서적들을 단시간에 인쇄해 내게 됨으로써 새로운 서적 시장이 본격적으로 형성된 것이다.

이 서적 시장을 주도한 서적상은 재력의 정도에 따라 다양한 양태를 보이고 있는데, 16세기 프랑스 리옹의 서적상을 예로 들어 살펴보자.[74]

프랑스의 장 필립(Jean Philippe, 1494~1496 활동) 인쇄소 마크
[자료 : Incunabula, Books of the Fifteenth Century from the Presses of One Hundred Towns]

---

72) Douglas C. McMurtrie, 앞의 책, p.306.
73) 어빙 팽, 『매스커뮤니케이션의 역사』, p.53.
74) 미야시타 시로 지음, 오정환 옮김, 『책의 도시 리옹』, 한길사, 2004, pp.265~271.

첫째, 대형 서적상이다. 자본가들이 맡았는데, 인쇄소를 소유하지 않고 특정 공방과 계약하여 생산비의 태반을 차지하는 인쇄 용지를 공급했다. 또한 값비싼 활자의 모형, 삽화용 목판 같은 것도 구입하여 인쇄 공방에 빌려 주었다. 그 이윤은 매우 컸다고 한다.

둘째, 중견 서적상이다. 대형 서적상만큼 자본력은 없지만, 경제 활동은 거의 비슷했다.

셋째, 인쇄 서적상이다. 인쇄를 수주하여 재산을 모은 다음, 자체 출판을 시작한 서적상이다.

넷째, 서적 소매상이다. 책의 생산에는 관여하지 않고 위탁 판매만 하는 시내의 책방이다. 당시의 책은 출판사의 점두(店頭)나 창고에서 판매되었으므로, 소매 서점이 있었다 하더라도 극히 소수였을 것으로 짐작된다.

다섯째, 대리 상인이다. 도서목록 같은 것을 들고 큰 장이 서는 도시를

초창기 유럽 활판 인쇄 작업을 그린 목판화(1568년 Jost Amman 목판 작품)
[자료 : The Invention of Printing in China and its Spread Westward]

순회하여 서적상의 위탁을 받아 주문을 처리, 결재하고 수수료를 챙기는 대리인이다.

여섯째, 행상인이다. 자질구레한 잡화, 벽에 붙이는 성화, 달력, 철자 연습장, 기사도 이야기 같은 책을 고리짝에 채워 방방곡곡을 돌아다니며 파는 사람들이다. 이 서적 행상인들이 종교개혁파 사상 보급에 기여한 역할은 대단히 컸다. 사상 통제가 점점 더 엄격해짐에 따라, 큰 장이나 점두에서 팔지 못하는 자국어 번역판 성서라든가 종교 소책자는 이런 행상인들의 손을 통해 비밀리에 판매되고 배포되었다. 이 행상인은 조선 시대의 책거간과 비교된다. 서적 행상인에 해당하는 책거간이 본격적으로 등장한 것은 병자호란 이후로 알려져 있는데, 이들은 개화 초기에 서적 행상을 통하여 계몽 사상을 방방곡곡에 전파하는 역할을 하였다.

왕에게 자신의 저서를 헌정하는 저자 (목판, 1486년 프랑스 파리)
[자료 : An Introduction to a History of Woodcut with a Detailed Survey of Work Done in te Fifteenth Century]

또한, 서적 시장이 활성화됨에 따라 서적의 출간 방식도 달라졌다. 중세에는 원고를 쓰고 그 대가로 금전을 요구한다는 것은 수치스러운 일로 여겨졌다. 자기의 저술이 인쇄되면, 저자는 기껏해야 몇 부를 받아 '이 책을 누구에게 바칩니다.' 하는 헌사를 붙여 문예 애호가인 귀족이나 고위 성직자에게 바치고 그로부터 얼마만큼의 금품을 받는 이른바 패트런 제도가 당연한 관습이었다.[75] 그러나 인쇄술 전파 이후 이러한 패트런 제도는 사라지게 되었다. 이제 저술가와 인쇄업자들은 후원자들의 호의에 기대지 않고 광범위한 이름 없는 일반 대중들을 위해서 작업하였다. 이 새로운 독자층의 주의를 끌기 위하여 인쇄업자들은 텍스트의 언어도 서로 다른 지역과 여러 계층의 사람들이 두루 이해할 수 있도록 표준화시켰다.[76]

시간이 흐를수록 인쇄술이 등장한 초기의 소수 특권 계층에 국한되던 독자층도 시간이 갈수록 확대되어 갔다. 그리하여 16, 17세기에는 다음과 같이 다양한 독자층이 형성되었다.[77] 제1의 독자층은 대학 교수와 학생 및 성직자 그리고 대학 출신의 관리, 법관, 의사 등이다. 제2의 독자층은 교육을 받은 상류층의 부인, 예술가 등 교양인으로서, 귀족은 여기에 포함되지 않는다. 귀족의 대다수는 무예와 사교에 시간을 보냈고, 책을 가까이 하는 귀족은 극히 드물었다. 제3의 독자층은 일반 민중으로서 그들이 즐겨 찾는, 이른바 민중본(民衆本)이란 대개가 성서, 찬송가집 그리고 달력에 국한되어 있었다. 이렇게 볼 때 진정한 독서층은 학식자와 전문직 종사자들의 절대 다수를 배출한 시민 계층이었다.

15, 16세기의 인쇄 출판업자 역시 대개 학식 있는 사람들이었는데, 그 까닭은 당시의 인쇄 출판이 지난날의 사본을 원전 삼아 오류가 없는 표준

---

75) 이광주, 『유럽사회-풍속산책』, 까치, 1993, p.122.
76) Albertine Gaur, *A History of Writing*, London, The British Library, 1984, p.205.
77) 이광주, 앞의 책, p124.

판을 만드는 일이 주종을 이루고 있었기 때문이었다.[78] 또한, 초기의 인쇄업자 중에 성직자 출신이 있거나, 수도원장을 지낸 인물 등이 편집자나 교정자로 일하는 것도 드문 일이 아니었으며, 당시의 인쇄소는 문화적 중심이 되어 그 지방의 지식인과 명망 있는 외국인들을 모아, 확대되는 국제적 학문 세계의 집회 장소가 되기도 하고 복음 장소로 이용되기도 하였다.[79]

(7) 인쇄술과 종교개혁

유럽에서 활판 인쇄술의 발달이 사회적으로 끼친 영향 가운데 가장 컸던 것은 프로테스탄트 교세의 확장과 로마 가톨릭 세력의 약화라고 솔라 폴은 주장한 바 있다.[80] 우선 일반인 누구나가 가정마다 성경을 비치할 수 있게 되었기 때문에 신부나 목사가 구태여 해설을 해 주지 않아도 되었다. 온갖 종류의 강론집과 소논문 책자가 수도원에서가 아니라, 신흥 계급의 기술자들에 의하여 인쇄되어 나왔다. 출판 사업이 교회 지배로부터 길드 지배 체제로 넘어갔고, 세력 판도도 바뀌게 되었다. 게다가 출판 기업인들은 더 많은 이익을 얻기 위해 더 많은 책을 출판하려는 움직임을 보이게 되었다.

이러한 추세의 중요성을 재빨리 인식하고 앞으로 인쇄술이 새롭고 강력한 정치적 사회적 영향력을 갖고 그들의 권력을 위협할지 모른다고 생각한 유럽의 통치자들은, 특정한 인쇄업자에게만 일정한 출판물을 찍어낼 수 있는 특권을 부여하여, 인쇄업자들의 간행물을 통제 검열하고 출판 행위를 억압하려 하였다.[81]

---

78) 같은 책, p.120.
79) E. L. 아이젠슈타인 원저, 전영표 옮김, 『인쇄 출판문화의 원류』, 법경출판사, 1991, pp.26~28.
80) 이에 대한 설명은 솔라 폴 저, 원우현 역, 『자유 언론의 테크놀로지』, 전예원, 1986, p.46 참조.
81) 전영표, 『정보사회와 저작권』, 법경출판사, 1993, p.94.

특히, 출판사로부터 흘러나오는 이단적 반론에 당황한 로마 가톨릭 교회는 검열과 통제의 사슬을 조이기 시작하였다.[82] 반면에 신흥의 세력이나 신흥 시민 계급(부르주아지)의 입장에서는 인쇄술의 발명으로 자신들의 입장을 강화시켜 줄 새로운 무기를 얻은 셈이었으니, 그들은 기성의 정치 권력과 가톨릭 세력에 대항하여 자신들의 목소리를 내세울 수 있는 중요한 선전 무기로서 출판물을 사용하기 시작하였다.[83] 그리하여 출판물은 16~17세기의 종교개혁 운동에서 결정적인 역할을 담당하게 된다.

① 루터의 항거와 개혁 사상의 전파

16세기 독일에서 종교개혁이 일어날 만한 사회적 여건은 이미 성숙되어 있었다.[84] 당시는 인문주의 정신이 대두하고, 민족주의가 부활하고 로마의 지배에 대한 혐오가 심할 때였다. 또한 중앙 권력이 거의 존재하지 않았던 독일에서 교회의 부패와 비리는 극으로 치달았으며, 특히 1513년에 즉위한 교황 레오 10세는 사치스러운 생활 방식을 계속 고집하여 교황청의 금고가 바닥을 드러냈고, 그것을 채우기 위하여 면죄부를 남발하고 성직을 매매하여 큰 물의를 일으켰다. 심지어 일정한 금액을 주고 면죄부를 구입하면 지금까지 지은 죄와 함께 미래의 죄까지 사면받을 수 있다고 선전할 정도였다.

이러한 상황에 분개한 젊은 수도사 마틴 루터(Martin Luther, 1483~1546)는 1517년 10월 31일 면죄부 판매에 반대하는 '95개조 반박문'을 비텐베르크 성 교회의 문에 붙여 놓았다. 당시 이것은 학술적 토론을 요구하는 방식이었고, 그 반박문도 일반인들은 모르는 라틴어로 씌어진 것이었

---

82) 솔라 풀, 앞의 책, pp.46~47.
83) 박유봉·채백, 『현대 출판학 원론』, 보성사, 1989, p.85.
84) 그 여건은 존 맨, 『구텐베르크 혁명』, pp.345~346 ; 박래식, 『이야기 독일사 : 게르만 민족에서 독일의 통일까지』, 청아출판사, 2006, p.91 ; P.G. 맥스웰-스튜어트 지음, 박기영 옮김, 『교황의 역사』, 갑인공방, 2005, p.215 참조.

다. 그러나 이 반박문은 순식간에 광범위한 지역으로 확산되어 나갔다. 불과 2주 동안에 독일 전역에 한 달 만에 유럽 전역에 알려졌다고 한다.[85]

그 이유는 크게 두 가지로 말할 수 있을 것이다.

마틴 루터의 95개조 반박문

첫째는 반박문의 내용이 가지는 폭발성이다. 루터는 독일 민중이 로마 교황청의 압제를 가장 고통스럽게 느끼는 예민한 문제의 핵심, 바로 면죄부 강매의 문제를 건드렸던 것이다.[86] 처음부터 뚜렷한 목표를 보여 주는 언어로 민중을 이끄는 천부의 재능을 소유하고 있는 루터는 반박문에서 간결하고도 분명하게 말한다.[87]

"교황은 어떠한 죄도 사할 수 없다." "죽은 자가 연옥에서 수행해야 할 참회를 성직자가 결정하는 것은 어리석고 사악한 짓이다." "교황은 면죄부 판매상들의 탐욕과 부정을 알아야 한다."

둘째는 새로운 홍보 기술로 등장한 인쇄술이다. 폭발성을 지닌 내용이어서 사람들이 자발적으로 번역과 홍보에 나섰다 하더라도 대량 복제가 가능한 활판 인쇄술이 없었다면, 그렇게 빨리 전파되지는 못했을 것이다. 아이젠슈타인은 반박문이 대중에게 전달되는 중간 단계로서, 인쇄인과 도서 판매업자 특히 도서 행상인들의 활동을 주목해야 한다고 주장한다. 인쇄기가 없었다면, 루터의 사상이 퍼져 나가지 못했을 것이고 종교개혁도 불가능했을 것이다. 이 새로운 미디어는 또한 개혁을 촉진하는 역할도 수

---

85) E. L. 아이젠슈타인, 『인쇄 출판문화의 원류』, p.157.
86) 슈테판 츠바이크 지음, 정민영 옮김, 『슈테판 츠바이크의 에라스무스 : 위대한 인문주의자의 승리와 비극』, 자작나무, 1997, pp.122~123.
87) 슈테판 츠바이크, 앞의 책, p.123 ; 존 맨, 앞의 책, p.355.

행했으니, 인쇄기가 지닌 마법의 지팡이 덕분에 비텐베르크의 이름 없는 신학자가 교황의 자리를 흔들어댈 수 있었던 셈이다.[88]

반박문 이후에도 루터는 인쇄술의 도움을 받아 수많은 팸플릿을 발간하면서 개혁 사상을 전파할 수 있었다. 그의 연설문, 논문, 논박문은 모두 독일어로 집필되어 일반 사람들이 읽을 수 있었고 인쇄를 통해 전국의 수십만 명에게 유포되었으며, 그의 초상화를 가진 사람들도 많았다.[89] 루터에 의하면, 그가 발간한 각종 팸플릿은 며칠 사이에 유럽 전역에 유포되었고, 그가 저술한 책자의 한 판 발행 부수는 2만 부에 가까웠다고 한다.[90]

루터의 업적 중에서 가장 주목할 저술은 1520년 8월에 출간된 논문 〈독일의 기독교 귀족에게 고함〉인데, 이 논문에서 루터는 교황청의 보루였던 세 성벽이 무너졌다고 선언하였다.[91]

첫째 성벽은 불평등이다. 영적 지위가 세속적 지위보다 우월하다는 주장은 근거 없는 것이다. 왜냐 하면 모든 신자들은 세례로 인하여 모두 사제이기 때문이다.

둘째 성벽은 교황만이 교리 문제를 결정하고 성서를 해석할 수 있다는 독점권이다. 교리를 결정하는 교황의 독점권이 무너졌기 때문에, 누구라도 교리의 문제에 대하여 발언해야 한다. 종종 교황보다는 차라리 농민과 수공업자 등 '미천한 사람'이 참여해야 한다. 이러한 "미천한 사람도 이해력을 지니게 되었다."고 루터는 말했다. 따라서 이 미천한 사람에게도 성서를 맡길 수 있게 되었던 것이다.

---

88) E. L. 아이젠슈타인, 앞의 책, p.157.
89) 존 맨, 앞의 책, pp.362~363.
90) 이광주, 『유럽 사회 풍속산책』, p.122.
91) 윌리스턴 워커 외 지음, 송인설 옮김, 『기독교회사』, 크리스챤다이제스트, 2004, p.486 ; 볼프강 보이틴 외 공저, 허창운·윤세훈·홍승룡 공역, 『독일문학사』, 삼영사, 1991, pp.118~122.

세 번째 성벽, 즉 교황의 독재권이 무너졌다. 교황 이외에는 아무도 개혁 공의회를 소집할 수 없다는 성벽을 무너뜨린 것이다. 개혁을 위한 참되고 자유로운 공의회는 세속 당국자들에 의하여 소집되어야 한다. 또한, 모든 기독교도들의 모임인 종교 회의가 교황보다도 더 높은 위치에 있어야 한다는 것이다. 이제는 마을과 도시에서, 즉 하층민의 차원에서 만인의 집회, 혹은 미천한 사람들의 집회가 사제를 선출하고 해임할 권한을 지니게 되었다.

그런데 95개조 반박문 사건 이후 루터는 이단자로 몰리며 박해를 받았다.[92] 3년 후인 1520년 교황 레오 10세가 칙서를 반포하여, 그의 주장을 이단이라 단죄하고 그것을 60일 이내에 취소하지 않으면 파문에 처한다고 경고했다. 그러나 루터는 "거짓 그리스도가 하나님의 성전에 앉아 있고, 로마 교회는 악마의 회당이다."라며 그 칙서를 불태워 버렸다. 그러자 이듬해 1521년 교황은 루터를 정식 파문하는 교서를 내렸다. 그러나 당시 독일의 복잡한 정치적 관계에서 교황의 파문 교서는 루터가 있던 비텐베르크에서 공포가 금지되었고, 독일 대부분의 지역에서 이 교서의 수용은 미온적이거나 적대적이었다.

마틴 루터가 번역한 성경

---

92) 박해 관련 상황 전개는 P.G. 맥스웰-스튜어트, 앞의 책, p.214 및 윌리스턴 워커 외, 앞의 책, pp.488~490 참조.

이에 따라, 루터의 파문 교서는 네덜란드에서 공포되었고, 루뱅, 리에주, 앤트워프, 쾰른 등에서 루터의 책을 불태웠다. 1520년 12월 10일 루터는 비텐베르크의 뜻을 같이하는 학생과 시민이 함께 한 자리에서 교황의 파문장과 교회 법전을 불태움으로써 이에 대응했는데, 시 당국은 관망만 하였다.

1521년 4월 루터는 황제와 제국 의회 앞에 출두하여 추방 선고를 받았다. 그러나 루터는 지역 통치자인 프리드리히의 보호로 바르트부르크 성으로 피신하게 되었다.

이곳에서 루터는 저술로써 자신의 개혁 사상을 더욱 확산시키는 한편, 성서 번역 작업에 몰두하게 된다. 이듬해인 1522년 9월 『신약성서』를 번역 출판하였고, 1534년에는 『구약성서』도 번역 출판하였다. 오늘날도 사용되고 있는 루터의 독일어 번역 성경은 커다란 반응을 불러일으키며 엄청난 발행 부수를 기록했다. 한 예로 한스 루프트(Hans Rufft)의 비텐베르크 인쇄소에서는 혼자서 1534년에서 1538년 사이에 약 10만 부의 번역 성경을 발행해냈다고 한다.[93]

방언에서 벗어나 독일의 상층민과 하층민이 모두 알아들을 수 있도록 하는 데 주력한 그의 번역 성서는 우수하고 읽기 쉬운 본보기로 자리 잡았으며, 언어적 영향력 면에서 영국의 셰익스피어와 겨룰 만하고, 흠정 영역 성서(Authorized Version)에 비견된다.[94] 당시 유럽에서의 성서 번역 출판에 대해서는 다음에 좀더 상세히 설명하기로 한다.

② 인쇄술은 신의 지고한 은총

1483년 독일 아이스레벤에서 태어난 루터는 대학에서 하던 법학 공부를 그만두고 1505년 수도원에 들어가 1507년 사제로 서품받았다. 그리고

---

93) Hugo Moser 저, 허발·이덕호 공역, 『독일어사』, 고려대학교 출판부, 1972, p.174.
94) 존 맨, 앞의 책, pp.371~372.

1512년 비텐베르크 대학교에서 신학박사 학위를 받고 성서학 교수가 되었다. 그러나 당시 별로 알려지지 않았던 젊은 수도사 교수가 1517년 10월 31일 특별하지도 않고 눈에 띄지도 않는 방법으로 교회의 악폐에 대해 항거한 것이 즉각적인 반응을 일으켜 기독교 교회사에서 가장 위대한 혁명으로 발전되었다.[95] 그가 행한 방법은 단지 자신의 주장을 벽보, 팸플릿, 책자 등의 형태로 만들어 알리는 일이었다. 물론 앞에서 설명했듯이, 활판 인쇄술의 힘을 빌렸기 때문에, 그의 주장들은 짧은 기간에 전 독일과 유럽 지역의 민중들 속으로 쉽게 전파될 수 있었다.

루터 이전의 종교개혁가들은 복제 기술의 미비로 그들의 주장을 전파할 수단을 갖출 수 없었고, 권력자들의 억압에도 효과적으로 맞설 수 없었다. 결국 독일의 종교개혁을 승리로 이끄는 데에는 인쇄술이 큰 힘을 발휘한 것이다.

이것을 누구보다 잘 알게 된 루터 자신은 인쇄술에 대해 "신의 지고한 궁극의 은총이며, 이것에 의해 복음서의 의도가 달성된다."고 말한 바 있다. 루터 이후, 독일 민족에게 특별한 복음이 주어진다는 의식은 구텐베르크의 활판 인쇄술 발명에 힘입어 더욱 강화되었으며, 이로써 독일인들은 로마의 속박에서 벗어나서 신을 경외하는 사람들에게 진정한 종교의 빛이 전해졌다고 생각하였다.[96]

16세기 중엽 독일의 역사가 요한 슬라이단(Johann Sleidan)은 같은 주장을 이렇게 표현하였다.[97]

"특별한 사명을 이루기 위해 신이 우리를 선택한 증거인 듯이 독일에 놀랄 만큼 정교한 신기술인 인쇄술이 발명되었다. 이는 독일인들의 눈을 뜨게 해 주었으며, 지금은 또한 다른 나라들의 몽매함을 깨우치고 있다."

---

95) 윌리스턴 워커 외, 앞의 책, p.478.
96) E. L. 아이젠슈타인, 앞의 책, p.153.
97) 같은 책.

제4장 성서의 번역 출판

1. 로마 교회의 성서 해석 독점권을 무너뜨린 원전 번역

인쇄술의 발명 이후, 다른 책과 마찬가지로 성서도 대량 보급의 길이 열렸지만, 라틴어로 되어 있어 일반 대중은 읽을 수 없었다. 성서 원전의 언어는 구약은 히브리어, 신약은 코이네 그리스어[1]로 되어 있다. 그러나 로마 제국 시대에 들어서서 라틴어로 번역한 『불가타 성서』[2]가 공인 성서의 자리를 지켰고, 라틴어는 중세 교회의 공식적인 언어로 사용되어 왔다. 이것은 유럽의 보통 사람들이 성서에 접근하는 것을 막는 역할을 해 왔다.

종교개혁 이전에도 유럽 각국에서 라틴어 성서를 독일어나 영어 등 자국어로 상당수 번역한 바 있으나, 로마 교회 당국에 의하여 탄압을 받았다. 로마 가톨릭 당국은 9세기 초부터 성경을 보호·감시한다는 명분으로 성경에 대한 배타적인 해석권을 주장하기 시작하였고, 1080년경부터는 평신도들이 성경을 볼 수 있는 자격마저 박탈해 버렸다.[3] 이러한 상황에서 라틴어역 외의 번역 성서는 불경스러운 것으로 이단 취급을 받았다. 이런 상황에 크게 반기를 들고 나타난 대표적인 인물이 바로 마틴 루터였다.

물론 성서의 독일어 번역은 루터 이전에도 이루어졌다. 그러나 그 번역

---

1) 코이네 그리스어(Koine Greek)는 구어체 그리스어인데, 기원전 300년부터 서기 300년까지 로마 제국의 각 지방에서 사용되었던 일상 통용어였음이 독일의 다이스만(D. Deissmann) 등의 언어학자들에 의하여 밝혀졌다. 이 코이네 그리스어는 본래 전성시대 아테네의 그리스어에서 나온 것인데, 알렉산더 대왕(기원전 336~기원전 323)의 원정으로 말미암아 멀리 소아시아, 페르시아, 이집트까지 퍼지게 되었다. 그 결과로서 로마 제국의 시대가 되어서도 지중해 여러 국가들의 언어로 널리 사용되었다(권오갑 편, 『코이네 그리스어』, 도서출판 才干, 2005, p.3 참조).
2) 『불가타 성서』는 4세기 후반 성서학자 히에로니무스가 번역한 라틴어 성서를 말한다. 라틴어는 고대 로마 제국의 표준으로 쓰인 언어인데, 프랑스, 이탈리아, 스페인, 포르투갈, 루마니아 등 로망스 언어의 근원이 되었다.
3) 폴 존슨 지음, 김주한 옮김, 『2천년 동안의 정신 II : 기독교의 역사-유럽의 문명을 만들다』, 살림출판사, 2005, p.348.

성서들은 『불가타 성서』를 직역한 것으로 표현이 어색하고 어려웠다. 심지어 라틴어 성서 원본에 충실한 나머지 라틴어의 오류까지도 그대로 독일어 번역문에 옮겨지기도 했다.[4] 이제 루터는 성서 원본에서 직접 번역하기로 결심하였다. 마침 루터가 바르트부르크로 피신해 간 사건은 매우 좋은 기회였다. 또한, 루터의 성서 번역 작업에 가장 커다란 영향을 끼친

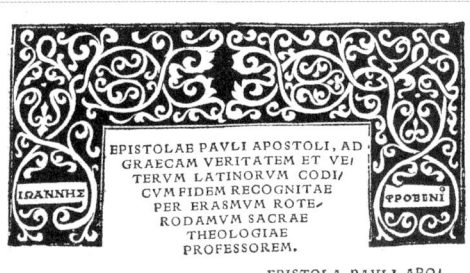

1516년 에라스무스가 그리스어·라틴어로 편찬한 『신약성서』
[자료 : Schrift Druck Buch Im Gutenberg-Museum]

---

4) 그레이엄 톰린 지음, 이은재 옮김, 『마틴 루터』, 도서출판 예경, 2006, pp.125~126.

인물은 네덜란드의 가톨릭 신부이자, 인문주의 사상가인 에라스무스(Desiderius Erasmus, 1466~1536)이다. 루터가 번역한 대본은 바로 에라스무스가 펴낸 『그리스어 신약성서』5)였다.

1511년 말경 에라스무스는 그리스어 원본을 히에로니무스의 『불가타 성서』 번역본과 철저하게 대조를 했고, 히에로니무스가 잘못 보았거나 착오를 일으킨 부분을 보완하여 불가타 성서를 개선하는 작업을 시작하였다. 그렇게 해서 1516년 에라스무스의 『그리스어 신약성서』가 나온 것이다.

이 신약성서는 두 부분으로 나뉜다. 첫 번째 부분은 2단으로 되어 있는데, 그 중 한 단은 에라스무스가 편집한 그리스어 원전 텍스트이고, 나머지 단은 에라스무스가 『불가타 성서』를 새롭게 고쳐 완역한 라틴어역이다. 두 번째 부분은 대체 번역어를 제시하면서 『불가타 성서』 텍스트에 대해 논평한 것이다.

에라스무스의 신약성서 발간은 마틴 루터의 독일어 성서를 촉발한 중요한 사건이었다. 이 성서는 『불가타 성서』 이전의 시대로 거슬러 올라가는 신약성서의 텍스트를 제시했기 때문에, 더 권위가 있다는 주장을 할 수 있었다. 그리스어 원전은 중세 교회의 전통적인 해석을 봉쇄하면서 사도 시절의 기독교와 직접 접할 수 있는 수단을 제공했던 것이다.

2. 미천한 사람들의 소박한 언어로 번역한 루터 성서

누구나 성경을 읽을 수 있어야 한다고 생각한 에라스무스는 이렇게 주장한다.6) "평신도들이 성경을 읽는다고 해서 그리스도께서 화를 내실까

---

5) 이에 대한 설명은, 크리스토퍼 드 하멜 지음, 이종인 옮김, 『성서의 역사』, 미메시스, 2006, pp.224~228 참조.
6) 폴 존슨, 앞의 책, p.349.

요? 저는 농사꾼은 물론이고 대장장이와 석공들, 심지어 창녀나 포주, 터키인들도 성경을 읽을 수 있도록 허용해야 한다고 봅니다."

에라스무스의 성서관은 마틴 루터의 생각과 일치하고 있다. 루터는 이를 바탕으로 자신의 성서 번역 원칙을 만들었다. "집 안의 어머니들과 골목길의 아이들과 시장의 미천한 사람들에게 묻고 이들이 어떻게 말하는지 이들의 입을 보고난 후에 번역해야만 한다."[7] 루터가 쓴 『번역에 대한 공

1485년 슈트라스부르크에서 간행된 『독일어 성서』
[자료 : Museum]

---

7) 볼프강 보이틴 외 공저, 『독일문학사』, p.120.

개서한』에서 밝힌 원칙이다. 루터는 이러한 민중 언어와 작센 관청어를 조화롭게 융합시키는 데 성공하였다.

봉건 시대인 16세기 초반에 루터가 성서를 미천한 사람들의 언어로 번역해야 한다고 주장한 것은, 한국의 성서 번역 역사와 견주어 볼 때, 놀라운 식견이 아닐 수 없다. 즉, 한국어 성서로는 1970년대에 와서야 비로소 일반 독자들이 쉽게 이해할 수 있는 『공동번역 성서』가 출판되었다. 그 이전까지 성서의 한국어 번역은 조선조 말기 지식인들에게 어울리는 말투와 권위적인 문체를 벗어나지 못하고 있었다.

루터는 바르트부르크에서 1521년 겨울 그리스어 원전을 번역하기 시작하여 1522년 3월 초 초고를 작성했다. 그는 곧바로 이 초고를 가지고 비텐베르크로 돌아가 그리스어 교수인 멜란히톤과 의논하여 교정한 다음, 인쇄에 넘겨 마침내 1522년 9월 21일 독일어역 『신약성서』를 발간하였다. 이 날짜 때문에 루터의 성서는 『9월 성서』라고도 불린다.

이 성서는 상상력 넘치는 문장과 소박한 말로 가득 찬, 생동하는 루터의 문체를 보여 준다.[8] 그것은 이후 수세기 동안 명확하고 독립적이며 근대적인 독일어를 형성하는 데 커다란 영향을 끼쳤다.[9]

루터는 에라스무스의 그리스어 텍스트는 물론이고 라틴어 번역과 주석도 참조하였는데, 에라스무스 『신약성서』에 사용된 창의적인 어휘가 루터 성서에도 그대로 채택되어 근대 독일어로 받아들여졌다.[10]

루터의 첫 번째 성서 번역본은 『독일어 신약성경(das neue testament deutsch)』이라는 제목으로 3,000부를 발행했는데, 번역자 이름은 생략한 채, 인쇄인(Melchior II Lotther)과 출판인(Lukas Cranach & Christian

---

[8] 그레이엄 톰린, 앞의 책, p.126.
[9] 같은 책, p.127. 19세기 철학자 니체는 루터 성서를 독일어로 된 유려한 작품일 뿐만 아니라, 모든 시대를 통틀어 가장 위대한 문학 작품이라고 말한 바 있다.
[10] 크리스토퍼 드 하멜, 앞의 책, pp.229~230.

Doering) 이름만 나와 있다.[11] 이 성서의 가격은 0.5굴덴이었는데, 당시 목수와 같은 일반 노동자의 일주일 임금에 해당되는 금액이었다.[12] 구텐베르크 활판 인쇄술 발명 무렵 필사본 성서 한 권의 값이 100굴덴이었던 것과 비교하면, 파격적으로 저렴한 가격이 아닐 수 없다. 이것은 루터의 성서가 서민 대중을 독자층으로 삼았음을 확인해 주는 일이다. 루터는 자신의 번역 작업 비용이나 인세 등을 받지 않았다고 한다.

3. 교황을 우롱하는 목판화를 넣은 신약성서

이때 나온 루터의 『신약성서』에는 목판화가 삽화[13]로 사용되었다. 그 대부분이 성서에 나오는 각 서의 시작 부분에 들어가는 대형 머리글자 그림이었다. 특이한 것은 요한계시록에 본문을 설명하는 전면 페이지 그림이 무려 21장이나 들어간 점이다. 이것은 크라나흐(Cranach)의 공방에서 만든 것인데, 이 그림들을 넣은 주목적은 교황 제도를 시각적으로 공격하기 위해서였다. 요한계시록에 나오는, 깊은 구렁에서 올라온 짐승(계시록 11 : 7), 개구리 같은 더러운 악령을 뿜어내는 용(계 16 : 13), 신성모독적인 바빌론의 창녀(계 16 : 13) 등이 모두 교황의 삼중관을 쓰고 있는 그림을 실어 놓은 것이다. 거의 노골적인 이러한 모욕은 1522년 당시로서는 굉장한 사건이었다. 루터의 텍스트가 지적이면서도 절제된 것이었다면, 목판화는 말없는 주석을 달고 있었다. 그는 로마 교회를 비판하기 위해 성서

---

11) S. L. Greenslade, F.B.A.(ed.), *The Cambridge History of The Bible*, New York : The Press Syndicate of the University of Cambridge, 1988, p.95.
12) 같은 책.
13) 루터의 『9월 성서』에 나온 삽화에 대한 설명은 크리스토퍼 드 하멜, 앞의 책, p.230 참조.

서적의 보조 장치를 적절히 사용했다고 볼 수 있다.

　루터는 『신약성서』가 인쇄되는 중에 『구약성서』의 번역을 시작했는데, 1534년 완성하여 최초의 독일어 완역판 신구약 전서를 발간하게 된다. 『구약성서』는 히브리어 성서에서 번역하였는데, 히브리어 학자 아우로갈루스의 자문을 받았다. 이 완역판 성서는 4절판 크기에 2권으로 되어 있는데, 그 형태는 다음과 같다.[14]

　각 권의 속표지에는 건축물 모양의 테두리가 있었다. 총 184개의 목판화가 들어갔고, 대부분 이 성서를 위해 처음 인쇄한 것이다. 루터 성서에 그림이 들어가 있다는 사실은 교육 수준이 그리 높지 않은 사람들을 위한 것임을 말해 준다. 또한, 활자의 측면에서도 루터 성서는 아주 읽기 편했다. 텍스트는 한 단으로 짜였고, 큰 활자를 사용하였다. 서체는 둥근 고딕체였는데, 당시 구어체 서적에 널리 사용된 것이었다. 문단을 짧게 나누었고, 각 문장의 끝에는 산뜻하게 마침표를 찍었다. 여백의 주석에는 크기가 좀 작은 서체를 썼다. 그래서 성서 본문과 혼동되는 일은 없었다. 성서의 각 장은 네모난 패널의 목판 머리글자로 표시했고, 보통 고전 문양 혹은 나무 잎사귀 모양이었다. 페이지에는 소제목과 장 번호를 붙였다. 이처럼 루터 성서는 이해하기 쉬운 언어로 되어 있을 뿐만 아니라, 찾아보기 쉬운 방식으로 인쇄되었다.

　이 루터의 성서는 불티나게 팔려나갔는데, 루터는 계속해서 자신의 번역을 고쳐나갔다. 1522년에서 1529년 사이 7년 동안 무려 50판이 넘는 수정본이 나왔다. 또한, 독일 외의 나라에서도 루터의 번역에 힘입어 자국어 성서 출판이 다음과 같이 활발하게 이루어졌다.[15]

---

14) 크리스토퍼 드 하멜, 앞의 책, pp.234~236.
15) 기독교대백과사전편찬위원회, 『기독교대백과사전』 제8권, 기독교문사, 1994, pp.1474~1484.

1523년 루터의 성서를 중역한 네덜란드어 신약성서가 나온 데 이어, 1524년 루터의 독일어 번역본과 『불가타 성서』를 토대로 번역된 『덴마크어 성서』, 1526년 루터의 성서를 대본으로 한 『스웨덴어 성서』, 1543년 『스페인어 성서』 등이 출간되었다. 그리고 신구약 전서로는 1541년 『스웨덴어 성서』, 1550년 『덴마크어 성서』, 1561년 『폴란드어 성서』, 1569년 『스페인어 성서』, 1584년 『아이슬란드어 성서』, 1590년 『헝가리어 성서』, 1593년 『체코어 성서』 등을 들 수 있다.

이처럼 16세기에 유럽 각국에서 성서가 번역됨에 따라, 성서는 신앙 생활뿐만 아니라, 문자 해득과 언어 감각을 키우는 데에도 중요한 역할을 맡게 되었음은 잘 알려진 사실이다.

4. 종교개혁과 성서 번역의 선구자 위클리프

종교개혁을 둘러싸고 치열한 논쟁과 투쟁이 벌어지는 가운데 이루어진 루터의 독일어 성서 출판은 엄청난 반향을 불러일으켰고 다른 나라에도 큰 영향을 주었다. 특히, 극심한 핍박 속에서 일구어낸 영국의 종교개혁가 윌리엄 틴들(William Tyndale, 1494~1536)의 성서 번역 출판은 주목할 만하다. 이것은 최초로 인쇄된 영어 성서이다. 물론 틴들 이전에도 성서의 영어 번역은 360년경의 『고딕 역 성서』, 8세기의 『앵글로색슨 역 성서』 등이 있는 것으로 알려져 있지만, 모두 부분적인 것이고 본격적인 성서의 영역 작업은 14세기의 위클리프(John Wycliffe,

위클리프

1320~1384)가 시작이라고 할 수 있다.

위클리프가 살았던 14세기의 영국은 프랑스와 백년 전쟁(1338~1453)이 벌어지던 시기였으며, 프랑스의 아비뇽에 와 있는 교황청은 영국의 내정에 간섭하며 백성들을 압박하고 있었다. 교회의 부패와 타락은 극심했고, 각종 성직 매매, 면죄부 판매 등이 이루어지고 있었다. 돈을 요구하는 설교들이 공공연히 행해졌고, 대부분의 국민들은 성서를 읽지 못하고, 성인의 소지품이나 유골 등을 섬기는 미신적 신앙 상태에 빠져 있었다.

위클리프는 1372년 옥스퍼드 대학에서 박사학위를 받았으며, 옥스퍼드의 발리올 대학과 캔터베리 대학의 학장, 루터워드의 주임사제 등을 지낸 것으로 알려지고 있다. 그는 교회가 세속적인 욕망에 물들어 있어 초대 교회의 정신이 사라졌다고 비판하였다. 아울러 타락한 성직자들의 횡포를 영국 정부가 힘으로 억눌러야 한다고 주장하였으며, 교황의 교리 해석 독점권을 인정하지 않았다. 이러한 주장 때문에 위클리프는 이단으로 정죄되어 재판을 받기도 했다.

농민반란 때에는 반란의 선동자로 몰려 법정에 섰으며, 이후 그는 옥스퍼드를 떠나야 했다. 그러나 그를 지지했던 옥스퍼드 학자들은 남아서 성서 번역을 완성시켰다.

위클리프는 그의 동료인 니콜라스(Nicholas of Hereford), 퍼비(John Purvey) 등과 함께 성서를 번역하여 1380년 신약성서 완역본, 1384년 신구약 전서 완역본을 필사본으로 발간하였다. 이때의 번역은 라틴어 『불가타 성서』를 대본으로 철저하게 직역하였는데, 라틴어 원문의 단어를 영어 단어로 바꾸어 놓은 것에 지나지 않았다고 한다.[16] 곧 이어 수정판이 나오게 되었고, 이것은 퍼비가 담당한 것으로 알려져 있다.

위클리프는 교황이 아니라 성서가 절대적인 하나님의 말씀이요, 모든

---

16) 크리스토퍼 드 하멜, 『성서의 역사』, p.174.

법과 도덕의 최종 권위임을 역설하였다. 따라서 일반 평신도들도 성경을 볼 수 있어야 한다고 확신했다. 그러나 성서는 라틴어로 되어 있어 일반인들은 읽을 수 없는 상황이었다. 그는 성서를 알기 쉬운 서민들의 언어인 영어로 번역하여 백성들에게 성경을 가르치며 보급하고자 힘썼다. 그는 성경은 모든 것을 결정짓는 우주적인 진리를 간직한 성스러운 책이라고 주장하면서, 성경을 하나님의 법으로 표현하기를 즐겼으며, 모든 사람은 하나님의 법 아래 살고 있는 소작인으로 비유하였다.[17]

위클리프는 밭에서 일하는 농부들까지도 성서를 읽을 수 있어야 한다고 주장했다. 이것은 또한 인문주의 사상가 에라스무스와 종교개혁가 루터의 주장이었다. 그는 이들보다 한 세기 이상 앞서서 개혁 사상을 제시하고 실천에 옮긴 것이다.

또한, 위클리프는 옥스퍼드의 사제들과 학생들 등 그를 따르는 사람들을 조직하고 교육시켜 일반 백성들에게 하나님의 말씀을 설교하게 하였다. 이른바 롤라즈(lollards)라고 불린 이들은 가난한 전도자들이었는데, 위클리프 사후에도 전국 방방곡곡은 물론 해외로까지 가서 위클리프의 사상을 전파했고 번역된 성서를 활용하여 복음을 전파하였다.

그러나 영어 성서가 나오자 교회는 분노하였고, 위클리프의 추종자들에 대한 적대감은 더욱 커졌다. 교회 역사가 나이턴은 영어 성서를 이렇게 경멸했다. "위클리프가 라틴어에서 천사의 방언이

성서를 번역하는 위클리프

---

17) 김명수, 『존 위클리프의 성경적 신학 연구』, 국제신학대학원대학교 신학과(역사신학) 석사학위논문, 2003, p.36.

아닌 영국 방언으로 번역했고, 그에 힘입어 성경이 보편화하여 상당한 식견을 갖춘 성직자들이 사용하던 때보다 글을 아는 평신도 남녀들에게 더욱 열린 책이 되었다. 이로써 복음의 진주가 던져져 돼지들에게 밟히게 되었고, 성직자들만 간직하던 보석이 평신도들의 노리개가 되었다." [18]

이제 위클리프와 함께 롤라즈도 이단으로서 규제의 대상이 되었다. 캔터베리 대주교 토머스 아룬델은 성서 번역 문제를 다루기 위해 1408년에 옥스퍼드 헌법을 제정했다. 이 헌법의 주요 내용은 다음과 같다. [19]

"지금 이후로 어느 누구도 자신의 권위로 성경을 영어나 다른 언어로 번역하여 출간해서는 안 된다. 이를 어길 시에는 교회에서 추방당하는 큰 고통이 따를 것이다." 이와 함께 이 죄를 범하는 자는 화형에 처한다는 규정

1492년 런던에서 발행한 초서의 『캔터베리 이야기』
[자료 : Die Schwarze Kunst]

---

18) 『교회사 전집 6 : 보니파키우스 8세부터 루터까지』, 크리스챤다이제스트, 2004, p.322. 위클리프가 죽은 지 20년 후 나이턴이 쓴 글이다.
19) 브라이언 모이너핸 지음, 김영우 옮김, 『신의 베스트셀러』, (주)황금가지, 2007, p.29.

이 재차 확인되었다. 그리고 이단 규제 조항의 내용에는 면허 없이 설교하는 행위, 현지 교구의 사전 승인 없이 영역 성서를 공개된 장소에서나 개인적으로 읽는 행위 금지 등이 포함되었는데, 이것을 위반한 자는 파문될 것이고 이단을 사주한다는 혐의를 받게 될 것이라고 경고하였다.[20]

심지어 1414년에는 영어 성서를 읽는 행위 자체가 목숨과 전 재산을 영구히 상실하는 벌로써 금지되었다. 또한 1415년, 위클리프의 성서를 찾아내어 불태웠으며, 1428년에는 매장된 위클리프의 유골을 파헤쳐 화형시켰다. 이런 살벌한 상황에서도 롤라즈의 활동은 끈질기게 이어졌으며, 회원들 중에 상당수는 투옥되거나 화형에 처해졌다. 그러나 롤라즈의 주장과 영역 성서 보급은 15세기를 지나는 동안 영국인의 생활에 영향을 끼쳤다.[21] 또한, 롤라즈는 16세기 종교개혁을 예기한 집단이었으며, 그 격변을 앞두고 영국인들의 정신을 준비시키는 데 이바지했다.[22]

그러나 위클리프의 영어 성서는 일반 대중들에게 널리 확산되지는 못하였는데, 여기에는 몇 가지 이유가 있을 것이다. 우선, 번역 성서에 대한 탄압이 극심했기 때문일 것이다. 둘째, 성서가 필사본이었기 때문에 파급 효과를 키우는 데에는 한계가 있었을 것이다. 셋째, 영어의 문제이다.[23] 영어는 15세기에 이르러서야 영국의 공식 언어로 자리매김하기 시작하였다. 14세기까지만 해도 영국 귀족들은 영어보다 라틴어나 프랑스어를 더 선호하였다.

영문학의 아버지로 불리는 초서(Geoffrey Chaucer, 1340~1400)의 『캔

---

20) 크리스토퍼 드 하멜, 『성서의 역사』, pp.176~177.
21) 박영배, "성서 번역의 역사와 위클리프 성서", 『어문학논총』 제18호, 국민대학교 어문학연구소, 1999, p.141.
22) 『교회사 전집 6』, 앞의 책, p.337.
23) 이에 대한 설명은 김상근, 『세계사의 흐름을 바꾼 기독교 역사』, 평단문화사, 2004, p.176 참조.

터베리 이야기』가 크게 성공하고, 백년 전쟁을 겪은 이후에 자국어인 영어에 더 관심을 갖게 되었다. 그러나 16세기까지 영국의 상류 계급과 지성인들은 여전히 라틴어 사용을 선호하였고, 옥스퍼드와 케임브리지 두 대학은 1540년대까지 라틴어를 공식적인 학문의 언어로 사용할 정도였다.

그러나 성서 번역을 이루어낸 위클리프의 개혁 사상은 보헤미아의 후스를 거쳐서 루터에게 전달되었고, 대륙의 종교개혁 역사에 적지 않은 기여를 하였음은 잘 알려진 사실이다. 이제 영어 성서의 출판은 16세기에 들어와서 종교개혁이라는 시대적 분위기와 결합되면서 크게 활성화되었다. 그 대표 주자가 순교자 윌리엄 틴들이었다.

5. 윌리엄 틴들의 성서 번역

틴들이 활동하던 시기 역시 교회의 타락과 교황청의 전횡은 별로 달라지지 않았다. 옥스퍼드 헌법에 의하여 번역된 성서를 읽거나 출간하는 것이 금지된 사항도 변함이 없었다. 그러나 시대 분위기는 달라지고 있었다. 즉, 루터가 중심이 되어 유럽 대륙에서 일기 시작한 종교개혁의 기운이 영국으로도 전해진 것이다. 특히 자국어 성서의 출판은 유럽 각국의 종교계에 새로운 자극제로 작용하였다. 더욱이 위클리프 시대에 없었던 활판 인쇄술의 보급은 자국어 성서의 출판에 커다란 활력을 불어넣었다. 이중에서도 윌리엄 틴들의 영어 성서의 출판은 가장 돋보이는 작업으로서 중요한 역사적 의의를 지닌다.

틴들은 성서 번역으로 인하여 화형을 당하는 순교자의 길을 걸었지만, 바로 그 직후부터 영국에서 숱한 영어 성서들이 등장하면서 영국 전역과 세계 각국으로 퍼져 나가는 길을 열었다.

틴들은 1515년 옥스퍼드 대학에서 문학석사 학위를 받았고, 옥스퍼드에

일 년간 머무르며 강의한 다음 1516년 케임브리지 대학으로 갔다. 그곳에서 에라스무스의 영향을 받았다. 또한 케임브리지는 롤라즈의 영향을 많이 받은 곳이었다. 롤라즈는 비밀 결사를 하면서 위클리프의 사상과 개혁 이념을 유지하고 있었다. 그때 롤라즈는 대부분 노동자, 기술자들이었는데, 틴들은 이들과 교류했다.

성직 서품을 받은 틴들은 1522년 글로스터셔 지방의 지주인 월시(Walsh)의 가정에 전속 사제 겸 가정교사로 들어갔는데, 이 때 "성서를 모국어로 번역하여 평신도들도 읽을 수 있도록 해야 한다."는 확신을 갖게 되었다고 한다.

1523년 틴들은 본격적으로 성서 번역 작업을 위해서 후원자를 찾으려고 런던으로 갔으나, 그 위험한 작업이 제대로 지원받을 리 없었다. 오히려 체포의 위기 속에서 1524년 독일 함부르크로 떠났다. 그리고 비텐베르크로 가서 루터를 방문하였다고 한다. 그러나 어디에서 그 위험한 번역 작업을 했는지는 정확하게 알려져 있지 않다. 그는 유럽에서 11년 동안 수배되어 쫓기는 생활을 하면서도 성서의 번역과 출판에 매달렸다.

틴들은 성서 번역을 라틴어 『불가타 성서』가 아니라, 히브리어와 그리스어 원전에서 하였다. 성서의 원전 번역은 루터에 의해서 이미 이루어진 바 있다. 틴들의 장점은 탁월한 문장력에 있었다.[24] 그의 번역은 그야말로 재창조였다는 평가가 나올 정도였다. 틴들의 문체는 간결하고 명확했다. 이것은 성서를 모든 사람이 읽게 해야 한다는 자신의 사상에 따라, 밭에서 쟁기질하는 농부도 읽을 수 있도록 하기 위함이었다. 틴들은 구어체 영어를 구사하며, 가능하면 명사 대신 동사를 선택하여 단순하면서도 힘

---

24) 성경을 재창조했다는 평을 듣는 틴들의 문체와 번역문에 대한 설명은 John F. A. Sawyer & J. M. Y. Simpson(ed.), *Concise Encyclopedia of Language and Religion*, Oxford : Elsevier Science Ltd., 2001, p.123 및 브라이언 모이너핸, pp.103~113 참조.

있는 표현을 만들어냈다. 그리고 튜더 시대의 저속한 표현도 사용했다. 또한 짧은 단어와 짧은 문장을 선호했다. 프랑스어와 라틴어에서 온 외래어보다는 원래의 앵글로색슨어를 선호하였다. 틴들의 문장은 특히 매혹적인 운율과 리듬이 있어 읽기에 좋았다. 성서가 이토록 생생하고 새롭게 독자들에게 들려지게 된 것은 틴들의 평이한 문체의 번역 때문이었다. 틴들의 새로운 번역을 통하여, 신약성서는 전체를 통독하기 위한 책으로 새로워졌다. 즉, 성경의 포괄성과 그 드라마를 회복시켰다는 점에서 성경을 재창조해낸 셈이었다는 평가를 얻었다.

번역을 마쳤지만, 인쇄 작업 역시 험난했다. 틴들은 1525년 쾰른에서 금지된 성서를 인쇄할 장소를 물색하였다. 쾰른에서는 불과 5년 전인 1520년에 대성당 앞에서 루터파 서적들과 소책자들을 공개적으로 불사르는 대규모 행사가 대주교의 지휘 하에 진행된 바 있었다. 당시 쾰른에는 수십 명의 인쇄업자들이 인쇄소를 운영하고 있었다.

틴들은 쾰른의 한 인쇄업자와 비밀리에 계약을 하고 신약성서를 인쇄하는 중, 술에 취한 인쇄공들의 실수로 번역 성서를 인쇄한다는 사실이 당국에 알려지고 말았다. 생명에 위협을 느낀 틴들은 일부 진행된 인쇄지를 끌어안고 피신했다. 결국 루터파 진영이 영향력이 있던 보름스로 건너가 인쇄 작업을 재개했다. 보름스의 으뜸가는 인쇄업자는 구텐베르크의 수제자였던 피터 쇠퍼였다. 틴들은 그에게 인쇄를 의뢰했다. 물론 이 성서에는 인쇄업자나 번역자 이름은 명시될 수 없었다.

보름스에 도착한 지 반 년 후인 1526년 2월경 이렇게 해서 틴들의 신약성서가 완성되었다. 물론 이 성서들은 배편으로 영국으로 보내졌다. 이 책은 가격이 2~3실링 정도였지만, 당시 이 책을 읽기 위해서는 화형당할 각오를 해야 했다. 이러한 상황에서, 틴들이 『신약성서』 후기에 쓴 호소는 더욱 인상적으로 다가온다. "독자들이여, 권하노니 열심을 내시오. 성경이 말씀하듯 깨끗한 마음과 집중된 눈길로 건강과 영생을 주시는 말씀으로 나아오시오."[25]

틴들은 신약성서 출판에 이어 구약성서 번역 작업에 들어가 1530년 히브리어 원전을 바탕으로 모세 5경을 발간했다. 그 후에도 계속 구약성서를 번역해 나갔다. 그러나 틴들은 1535년 5월 네덜란드에서 체포되어 브뤼셀 북쪽의 빌보르데에 투옥되었다. 1536년 8월 이단으로 유죄 판결을 받았고 빌보르데에서 교살된 후 화형에 처해졌다.

그러나 틴들의 성서 출간 이후, 다양한 영어 성경 출판이 집중적으로 이루어지다가, 세계적으로 커다란 영향을 끼치게 되는 『흠정 영역 성서』(또는 『킹제임스 성서』)가 1611년 발간된다. 『흠정 영역 성서』를 오늘날 가장 많이 알려지고 가장 많이 인용되는 영어 성서로 정평이 나 있다. 그러나 1998년에 『흠정 영역 성서』 또는 『킹제임스 성서』를 전체적으로 분석하는 작업이 이루어졌는데, 그 결과 신약성서의 84%, 그리고 구약성서의 75.8%가 틴들이 번역한 단어를 그대로 사용했음을 알게 되었다.[26] 그만큼 틴들 영어 성경의 번역과 문장이 높은 수준을 보여 주었기 때문일 것이다.

틴들은 그의 시대의 구어체 영어를 성서의 커뮤니케이션을 위한 적절한 도구로 만들었으며[27] 동시에 현대 영어의 산문을 개발한 인물이라는 점에서 커다란 의의를 지닌다. 이것은 종교와 언어의 적절한 결합을 통하여 영국 문화 전체를 한 차원 높게 끌어 올리는 역할을 한 것이다.

---

25) 브라이언 모이너핸, 앞의 책, p.140.
26) 같은 책, p.35.
27) S. L. Greenslade, F. B. A.(ed.), *The Cambridge History of The Bible*, New York : The Press Syndicate of the University of Cambridge, 1988, p.145.

6. 윌리엄 틴들 이후의 영어 성서 출판

최초로 영어 성서를 인쇄, 출판한 윌리엄 틴들은 이단자로 몰려 화형을 당했지만, 바로 그 직후부터 영국에서는 성서의 번역 출판이 활발하게 일어났다. 그런데 틴들의 선구적 번역 활동이 그처럼 빠른 시일에 빛을 보게 된 것은, 무엇보다도 영국이 정치적 격변기에 처해 있었기 때문이었다. 영국 왕 헨리 8세[28](Henry VIII, 재위 1509~1547)는 왕비 캐서린[29]과의

헨리 8세

이혼 문제로 교황청과 갈등을 빚다가, 1534년 결국 스스로 영국 교회의 수장이 되는 국왕 수장령을 공포하였다.

당시 영국에서는 합법적인 성서 번역의 필요성을 인식하기 시작하였고, 마침 틴들의 성서 번역 작업을 승계한 커버데일(Miles Coverdale)은 신구약성서 전체를 영어로 출판할 수 있게 되었다. 그 성서는 영국이 아니라, 유럽 대륙(취리히로 추정)에서 1535년 발행되어 헨리 8세에게 증정되었다고 한다. 이때의 성서에는 국왕의 승인에 대한 언급이 없으나, 1537년판 영어 성서에는 "국왕 폐하의 극히 은혜로우신 허가와 더불어 발행되었

---

28) 헨리 8세는 루터가 종교개혁을 할 때, 그를 비난하는 글을 발표하여 교황청으로부터 '신앙의 수호자'라는 칭호를 받은 바 있다. 그러나, 1531년 교황청과 대립하여 캐서린과 이혼하고 두 번째 왕비 앤과 결혼하자 교황으로부터 파문당했다.

29) 캐서린(Catherine of Aragon)은 당시 강대국이었던 스페인 왕 페르디난도의 딸로 헨리 8세의 형인 아더 왕자의 부인이었다. 헨리 8세는 즉위한 직후, 아더 왕자의 요절로 과부가 된 형수인 캐서린과 정략 결혼을 한 바 있다(상세한 사항은, 앙드레 모로아 지음, 신용석 옮김, 『영국사』, 기린원, 1999, pp.223~228 참조).

다."는 내용이 적혀 있다.[30]

1537년은 틴들이 화형에 처해진 바로 다음 해에 해당된다. 이것으로 당시 정치적 종교적 상황이 급박하게 바뀌고 있음을 알 수 있다. 이후에도 영국에서는 1611년 흠정 영역 성서가 나오기까지, 다양한 형태의 성서 번역 출판이 줄기차게 이루어졌다.

구체적으로 열거하면, 『매튜 성서(1537년 출판)』, 『태버너 성서(1539)』, 『대성서(1539)』, 『제네바 성서(1560)』, 『비숍 성서(1568)』 등인데, 간략하게 살펴보기로 한다.[31]

『매튜 성서』는 새로운 번역이라기보다 윌리엄 틴들 성서의 개역이다. 번역자는 토마스 매튜(Thomas Matthew)로 되어 있지만, 실제 역자는 틴들의 동료였던 로저스(John Rogers)로 추정하고 있다. 틴들은 1535년 체포될 당시 구약성서의 번역을 포함하여 자신이 해온 것을 로저스에게 넘겼다. 로저스는 학자라기보다, 영어 성서 보급을 위해 목숨까지 바친 충실한 편집자로 볼 수 있다. 이 『매튜 성서』는 캔터베리 대주교 크랜머의 요청에 의해 국왕의 인가를 받았다.

『태버너 성서』는 평신도였던 리처드 태버너(Richard Taverner)가 번역한 것으로 『매튜 성서』를 수정한 것이다. 영국에서 인쇄된 최초의 완역 성서라는 데 출간 의의가 있다.

『대성서(The Great Bible)』는 주로 영국 교회의 필요에 의해 등장한 큰 판형의 성서인데, 내용은 틴들의 성서를 개정한 것이다. 『대성서』는 "교회 내에서 관리하기에 편리한 장소에 배치하여 교구 교인들이 그 성서를 매우 널찍이 모여서 읽을 수 있게 하라."는 크롬웰의 명령과 더불어 성직

---

30) 기독교대백과사전편찬위원회 편, 『기독교대백과사전』 제8권, 기독교문사, 1994, p.1462.
31) 김상근, 『세계사의 흐름을 바꾼 기독교 역사』, pp.178~180 및 기독교대백과사전편찬위원회 편, 앞의 책, pp.1462~1465 참조.

자들에게 선사되었다. 『대성서』는 국민들의 열렬한 환영을 받았고 3년 만에 7쇄나 발간되었다.[32]

『제네바 성서(Geneva Bible)』는 영국에서 최초로 장절을 구분한 성서라는 특징을 지닌다. 또한 학문적으로 뛰어난 번역으로 알려져 있고, 성서 본문의 여백에 각주와 참고 기록들을 실어 놓았다. 앞서 말한 헨리 8세와 캐서린 왕비 사이에 태어난 메리는 에드워드 6세(Edward VI, 재위 1547~

엘리자베스 여왕

1553)의 뒤를 이어 여왕(Mary I, 재위 1553~1558)이 된 후, 영국을 가톨릭 신앙으로 되돌리려고 프로테스탄트를 극도로 탄압하였다.

약 300명의 순교자들이 나왔고 여왕은 '피의 메리(Bloody Mary)'라는 별명이 붙었다. 이때 많은 프로테스탄트 신자들은 칼뱅의 종교개혁이 진행 중인 스위스 제네바로 도피하였고, 그곳에서 활동하던 녹스(John Knox)를 비롯한 영국인 프로테스탄트 학자들에 의해 『제네바 성서』가 출간된 것이다. 『제네바 성서』는 엘리자베스 1세(Elizabeth I, 재위 1558~1603)에게 헌정되었는데, 여왕은 이 성서를 공인하지도 정죄하지도 않았다. 그러나 『제네바 성서』는 널리 인기를 얻고 있었다. 당시의 대문호 셰익스피어(William Shakespeare, 1564~1616)의 문장에 등장하는 대부분의

---

32) 당시 노동자나 여성은 성서를 읽는 것이 금지되었다. 대성서 외에는 모든 성서가 금지되었고, 대성서도 상류계급 사이에서만 읽혀졌다. 1547년 헨리 8세의 뒤를 이어 프로테스탄트인 에드워드 6세가 즉위하자 일반 백성들에게 성서를 보급하고 개방하는 일이 다시 시작되었다(『브리태니커세계대백과사전』 13, 한국브리태니커회사, 2001, p.137 참조).

성서 구절도 『제네바 성서』에서 인용되었다. 영국의 청교도들이 북미 대륙으로 이주할 때 가지고 갔던 성서도 『제네바 성서』였다.

『대성서』는 영국 교회의 강단용 성서였고, 『제네바 성서』는 일반 대중의 성서로 계속 사용되었다. 『제네바 성서』의 우월성이 명백하였으며, 이 때문에 당시 파커 대주교는 이 두 성서를 대신할 성서를 만들어낼 요량으로 대성서의 개역 작업에 착수하였다.

이 새로운 번역을 통하여 모든 사람이 이용하는 단 하나의 공식적인 성서로서 교회와 대중을 통합시킬 수 있는 성서를 만들 계획을 세운 것이다. 이 계획에 참여한 학자들 대부분이 주교들이었고 여기에서 『비숍 성서(The Bishop's Bible)』라는 명칭이 생겼다.

이 『비숍 성서』는 1571년 대주교 회의에서 인가를 받아, 주교들은 이 성서를 소유하고 사용하는 일이 의무화되었다. 『비숍 성서』는 1606년까지 20판이나 발간되었지만, 『제네바 성서』의 인기에 눌려 대중적인 호응을 얻지 못했다.

7. 흠정 영역 성서의 출간과 그 영향

메리 여왕과 달리, 관용적인 종교 정책[33]을 쓴 엘리자베스 여왕의 통치 기간 중 성서 번역은 용인되었고, 로마 가톨릭 교도까지도 영어 성서를 발

---

33) 주요 정책으로는 첫째, 모든 국민들은 헨리 8세의 국교화 정책으로 돌아갈 것, 둘째, 1559년 의회를 통해 잉글랜드 내에서의 교황의 권력 폐지 및 왕의 최고 수권자 법과 종교 통일법의 가결, 셋째, 국내 지하 가톨릭 신봉자들에게 성공회 예배 불참 시 12펜스의 벌금만 내도록 하는 종교 완화책 등이었다. 이러한 정책이 국교가 정착하는 데 절대적으로 공헌하여 비로소 사회가 안정되었다(김현수, 『영국사』, 대한교과서, 1997, p133 참조).

행하였다. 교육은 향상되었고, 문학과 예술은 발달하였으며, 국력은 크게 신장되었다.

엘리자베스 여왕의 뒤를 이어 1603년 왕위에 오른 제임스 1세(King James, 재위 1603~1625)는 『제네바 성서』에 대하여 반감을 가지고 있었다고 한다. 그는 즉위 초 레이놀즈(John Reynolds)의 건의를 받아들여 국왕이 인가하는 성서 번역 작업을 추진하였다. 1604년 2월 제임스 1세는 "가급적이면 히브리어 원문과 그리스어 원문에 일치시켜서 성서 전체를 번역하되, 난외 주 없이 인쇄하여 전 영국 교회가 하나님 예배에서 사용할 수 있도록 하라."는 명령을 내렸다.[34] 이에 따라 성서 번역에 47명의 학자들이 참여하였으며, 그들은 6개의 팀으로 나뉘어 네 팀은 구약 번역을 맡고 두 팀은 신약 번역 작업을 전담하였다. 각 팀의 구성원은 동일한 장을 맡아서 독자적으로 번역한 뒤, 전체가 모여서 각자 한 것을 협의하고 합의를 이끌어낸다. 그렇게 해서 한 권을 끝내게 되면 그 책을 다른 팀에게 보내 검토시켰다.

제임스 1세

이런 방대한 작업 끝에 1611년 『흠정역 성서(The Authorized Version, King James Version of English Bible)』라는 이름의 성서가 출간되었다. 이 성서에는 『제네바 성서』에서 논쟁거리였던 여백의 해석과 관주가 생략되었고, 장절의 구분은 그대로 지켜졌다.

---

34) 기독교대백과사전편찬위원회 편, 앞의 책, p.1466.

번역 작업에서 참조한 영어 성서는 『비숍 성서』가 우선이었고, 원문과 다르지 않는 한, 수정을 적게 하는 것을 번역 규칙으로 삼았다. 그러나 『비숍 성서』보다 원문과 더 잘 일치할 경우에는 『틴들 성서』, 『매튜 성서』, 『커버데일 성서』, 『대성서』, 『제네바 성서』 등을 사용한다고 정하여 그대로 실행하였다. 이것은 『흠정역 성서』 번역자들이 앞 시대 번역자들과의 관계에서 매우 합리적이고 겸손한 자세를 유지했음을 의미한다. 이렇게 되어 『흠정역 성서』는 당대에 가장 뛰어난 영어 성서가 될 수 있었고, 250년 이상 영어 사용권의 성서로 영광을 누려왔다.[35]

이 『흠정역 성서』는 일부 용어 선정이나 교정상의 여러 과오에도 불구하고 단 한 세대 만에 강단용 성서로서는 물론이고 일반 대중용 성서로서도 가장 영향력 있는 성서의 자리를 굳히게 되었다고 한다.[36] 이후 『흠정역 성서』는 영국과 신대륙 미국의 대표적인 성서 번역본으로 정착되게 되는데, 다음 세 가지를 가장 중요한 요인으로 볼 수 있을 것이다.[37]

첫째, 찰스 2세(Charles II, 재위 1660~1685)의 왕정 복귀(1660)와

찰스 2세

---

35) 같은 책, p.1467.
36) 흠정역도 처음에는 많은 반대에 부딪쳤다. 1611년에 나온 이래 1615년, 1629년, 1638년, 1654년, 1701년, 1762년(케임브리지 성서), 1769년(옥스퍼드 성서)에 이르기까지 여러 차례 개정되었다(이정이,『권력과 문화가 성경번역에 미친 영향』, 계명대 국제학대학원 영어 통·번역 전공, 2004, p.8 참조).
37) 김상근, 『세계사의 흐름을 바꾼 기독교 역사』, pp.181~182.

1662년에 또다시 공포된 종교 통일법(Act of Uniformity)으로 『흠정역 성서』가 영국 교회의 공식적인 성서로 다시 한 번 공인되었기 때문이다.

둘째, 『흠정역 성서』가 17세기의 표준 용어를 사용함으로써 일반 대중의 사랑을 받았기 때문이다.

셋째, 『흠정역 성서』 자체의 유려한 번역 문체 때문이다.

『흠정역 성서』의 특색은 간결하고 직설적이고 힘있는 표현, 구체적인 이미지(Image), 장중하고 우아한 문체, 아름다운 리듬 등을 들 수 있다.[38] 셰익스피어와 같은 시대에 나온 『흠정역 성서』는 수많은 인용문과 표현 구문을 제공했고, 그것들은 아주 자연스럽게 영어 관용구 속에 흘러 들어가 일상 용어의 일부가 되었다.[39] 이때부터 영국민과 성경은 서로 불가분의 관계에 있게 되었고, 그들의 정신적 골격을 형성해 준 것도 성경이었다. 19세기 영국의 역사가 그린(J. R. Green)이 "영국은 한 책의 민족이 되었고, 그 책은 성경이었다."고 서술할 정도였다.[40]

『흠정역 성서』는 여러 차례 개정되기는 했으나, 본질적인 개정은 아니었다. 본격적인 개정의 필요성이 거론된 것은 성서의 사본들이 새롭게 발견된 19세기 후반이었다. 즉, 흠정역 신약성서가 대본으로 사용한 그리스어 사본의 권위에 대한 신뢰가 흔들림에 따라 개역의 필요성이 높아진 것이다.

1870년 개역에 착수하여 1881년 영어 개역 성서(English Revised Version, 신약)가 출판되었다. 이것은 『흠정역 성서』에서 3만여 곳을 고친 것이다. 그 중에 5,000여 곳은 흠정역이 사용한 사본과 영어 개역 성서가

---

38) 김양수, 『헬라어 성서 영역 과정에서 나타난 어휘 비교 연구』, 전남대학교 교육대학원 교육학과 어학전공 영어분야, 1982, p.9.

39) 크리스토퍼 드 하멜, 『성서의 역사』, p.246.

40) 유성덕, "John Bunyan의 작품에 나타난 흠정역 성경의 영향", 『논문집』 제6호, 총신대학교, 1987, p.7.

사용한 사본과의 차이에서 비롯된 것이다. 구약성서가 나온 것은 1885년이었는데, 신약성서에 비해 개정 범위가 좁았다.[41]

『흠정역 성서』는 영국이 대제국으로 세계사에 등장함에 따라 절대적인 성서로 인정될 수 있었다. 이것은 히에로니무스의 라틴어 『불가타 성서』가 라틴어를 쓰는 사람들, 즉 로마라는 제국이 뒤에 있어 중세의 절대적 성서로 인식된 것과 같은 경우라고 할 수 있다.[42]

『흠정역 성서』는 영국과 미국의 교회뿐만 아니라, 성서 번역 과정을 통하여 전세계 기독교에 영향을 미쳤다. 영국 성서공회나 미국 성서공회가 미선교(未宣敎) 국가의 언어로 성서를 번역할 때마다 이 『흠정역 성서』를 우선적으로 참고하였기 때문에, 많은 국가들의 성서 번역에 『흠정역 성서』의 영향이 남게 되었다.[43]

8. 급속도로 늘어난 성서 번역

기독교의 해외 선교가 확대됨에 따라, 성서도 세계 각국, 각 민족으로 퍼져 나갔고, 번역 성서의 언어도 급속도로 늘어나게 되었다. 현재 전 세계에는 약 6,000개의 언어가 있는 것으로 알려져 있다.[44] 성서는 1999년 현재 2,233개의 언어(성서 일부분 번역 포함)로 번역되었는데, 시기별 및 지역별로 살펴보면 다음과 같다.[45]

---

41) 영어 개역 성서에 대한 설명은 『브리태니커세계대백과사전』 13, p.137 참조.
42) 이정이, 앞의 논문, p.16.
43) 김상근, 『세계사의 흐름을 바꾼 기독교 역사』, p.181.
44) http://www.uneco.or.kr/kor/uneco/day_year_221.html.
45) John F. A. Sawyer & J. M. Y. Simpson(ed.), *Concise Encyclopedia of Language and Religion*, p.108.

시기적으로는 1800년 80개 언어에서 1900년 621개 언어, 1950년 1,190개 언어, 1999년 2,233개 언어로 확산되었다. 1999년 지역별 분포를 보면, 아프리카 627개 언어, 아시아 553개 언어, 오세아니아 396개 언어, 유럽 197개 언어, 북미 73개 언어, 중남미 384개 언어, 기타(constructed language) 3개 언어, 합계 2,233개 언어이다.

이 중에서 신구약 완역은 아프리카 142개 언어, 아시아 113개 언어, 오세아니아 30개 언어, 유럽 62개 언어, 북미 7개 언어, 중남미 16개 언어, 기타 1개 언어, 합계 371개 언어이다.

제5장 산업혁명과 출판

1. 산업혁명과 인쇄의 기계화

산업혁명의 시기는 영국에서 새로운 기계들이 발명되고 인클로저 운동이 활발해지며, 중산 농민층이 몰락하기 시작한 1760년대부터 1850년대에 이르는 기간을 말한다.

산업혁명은 매뉴팩처적인 수공 도구에서 기계에 의한 생산 전환을 기초로 하는 자본주의적 생산 양식을 확립하고, 동시에 공장 제도에 기초를 두는 자본제적 대공업의 변혁을 수반하는 일이었다.[1] 이러한 산업혁명은 기계 혁명을 통하여 인간 생활 전반에 끊임없는 변화를 주었다. 말하자면 로마 문명은 값싼 노동력을 토대로 하여 건설되었지만, 산업혁명 후의 현대 문명은 값싼 기계의 힘을 토대로 하여 건설된 것이라 할 수 있다.[2]

미국 최초의 실린더 인쇄기(1830년)
[자료 : The Student's History of Printing]

---

1) 장병주,『과학과 기술의 역사』, 동명사, 1991, p.168.
2) H. G. Wells, *A Short History of the World*, 지명관 역,『세계문화소사』, 을유문화사, 1992, pp.216~217.

기계 혁명은 18세기 중엽부터 산업 전반에 커다란 변화를 몰고 왔으며, 19세기 이후 인쇄 분야에서도 기계화가 이루어졌다. 1800년 스탠호프가 목제 인쇄기를 철제 인쇄기로 바꾸어 사용함으로써 작동에도 힘이 덜 들었고, 제작 속도도 빨라졌다. 그러나 본격적인 인쇄의 기계화는 실린더식 인쇄기의 발명에서 시작되었다. 이러한 실린더식 인쇄기가 사용된 것은 1814년 영국에서였다. 이 인쇄기로 시간당 1,100장을 찍을 수 있었으니, 이는 시간당 250장을 찍는 수동 인쇄기보다 4배 이상 빠른 속도였다.[3] 이 기계는 영국의 발명가인 윌리엄 니콜슨에 의해 1790년에 이미 고안되었으나 실용화되지 못했고, 19세기에 들어와 쾨니히(Friedrich König, 1774~1833)에 의해서 쓰이기 시작했다.

유럽에서 15세기 중엽 구텐베르크가 활판 인쇄술을 발명한 이후, 인쇄·출판 사업이 활발하게 일어났다. 그러나 17세기에 들어서서 유럽은 정치와 사회가 불안해짐에 따라 출판도 한때 암흑기를 맞게 되었다.[4] 주로 독일을 무대로 전개되었던 30년전쟁(1618~1648), 영국의 왕위 계승을 둘러싸고 전개되었던 치열한 종교 전쟁으로 인해, 유럽 산업계는 파괴되고 출판 사업도 쇠퇴하게 되었다.

종이, 인쇄, 삽화, 제본 그리고 책의 내용도 16세기에 비하면 초라하고 빈약해졌다. 당시 인쇄기는 학문·예술의 도구가 아니라, 선전의 수단으로 활용될 뿐이었다. 인쇄 특권을 줄 때에도 뛰어난 인쇄 능력은 중요한 고려 사항이 아니었다.

---

3) Merritt Way Hayne, *The Student's History of Printing*, New York : McGraw-Hill Book Company, Inc., 1930, p.71.

4) 17세기의 유럽 출판 상황은 김세익, "세계 출판의 역사", 『세계의 출판』, 한국언론연구원, 1991, p.48 및 John Clyde Oswald, "From William Caslon to William Morris", Reader in the history of books and printing, Englewood : Information Handling Service, 1980, p.337 참조.

그러나 유럽 출판계는 영국의 캐슬론(William Caslon, 1692~1766)과 바스커빌(John Baskerville, 1707~1775) 같은 뛰어난 출판인이 나타나면서 18세기 중엽부터 다시 활기를 찾게 되었다.[5] 캐슬론은 새로운 활자 주조소를 설치, 이른바 캐슬론 활자(Caslon Type)라 불리는 아름답고 읽기 쉬운 새 활자를 주조해냈다. 케임브리지 대학의 출판부장이었던 바스커빌은 아름다운 캐슬론 활자를 더욱 아름답게 개량했다. 그는 제지 공장을 세웠고, 질 좋은 인쇄 잉크를 개발하였으며, 일관 작업을 통하여 이상적인 도서출판을 시도했다. 1763년에 그가 간행한 『캐슬론 성서』는 세계에서 가장 아름다운 인쇄본의 하나로 인정받고 있다. 그의 활동은 이탈리아의 보도니(Giambattista Bodoni, 1740~1813)와 프랑스의 디도(Didot, 1794~1802) 등에게 영향을 주어 현대 타이포그래피의 일맥을 형성하게 되었다.

Caslon, a neutral type
캐슬론 활자체

Bodoni, a formal type
보도니 활자체

Garamond, an informal type
게라몬드 활자체

캐슬론, 보도니, 게라몬드 활자체
[자료 : The Student's History of Printing]

---

[5] 캐슬론과 바스커빌에 대한 설명은 김세익, "세계 출판의 역사" 참조.

2. 산업혁명기의 작가와 도서 시장

작가들이 대중 독자들을 상대하지 않고 귀족이나 고위 성직자들의 후원으로 책을 발간하고 생활하던 중세의 패트런 제도는 18세기 중엽 이후 사라지게 되었다. 그 대신에 서적업자들이 과거의 패트런 역할을 맡게 되었다.[6] 초기에는 집단적 패트런 제도라고 할 수 있는 예약 구독 제도가 독자와 출판사를 잇는 다리가 되었다. 패트런 제도가 저자와 독자 사이에 이루어지는 관계의 순수한 귀족주의적 형태라면, 예약 구독 제도는 그 유대를 이완시키기는 하지만 아직도 이러한 관계가 지니는 개인적 성격의 특징들을 일정 부분 그대로 갖고 있다.[7] 따라서 저자가 전혀 알지 못하는 일반 대중들을 위한 책의 출판이야말로 비로소 익명적 상품 거래에 기초하는 부르주아 사회 구조에 대응하는 형태라 할 수 있다.[8]

이제 작가들은 책이라는 상품이 익명으로 유통되는 시장 원리에 따라야 했다. 여기에서 나타나는 도서 시장과 독서 양태를 살펴보면 다음과 같다.[9]

미지의 독자를 상대로 하는 시장에서 자신의 작품을 팔아야 하는 필요성 때문에, 작가들은 독자와 강력한 관계를 맺으며 책을 통한 정신적 공동체를 형성하고자 했다. 이제 도서 시장은 무제한으로 이질적이고 익명적

---

[6] 18세기 중엽까지 작가들은 작품에서 생기는 직접적인 수입이 아니라, 자신들이 쓴 저작의 가치와 거의 아무런 상관도 없는 연금, 자선금, 은급 따위로 살았다(Arnold Hauser, *Social Geschichte der Kunst und Literature*, 염무웅·반성완 공역, 『문학과 예술의 사회사』, 근세편 하, 창작과비평사, 1981, p.65 참조).

[7] Arnold Hauser, *Social Geschichte der Kunst und Literature*, 염무웅·반성완 공역, 『문학과 예술의 사회사』, 근세편 하, 창작과비평사, 1981, pp.64~65.

[8] 같은 책, p.65.

[9] 로제 샤르티에/굴리엘모 카발로 지음, 이종삼 옮김, 『읽는다는 것의 역사』, 한국출판마케팅연구소, 2006, p.492.

이며, 취미와 욕구가 점점 분화되는 독자를 상대로 하게 되었다. 그들은 직업을 위한 전문적인 책은 물론, 정치적인 정보, 잔인하고 으스스한 공포 소설, 정신적 안정을 위한 책, 종교 훈화에 관한 책 등에도 관심을 보였다.

그런가 하면, 똑같은 감동적인 가족 소설이 귀족 계급의 부인과 시녀에게도 읽혔으며, 똑같은 공포 소설이 법원의 고급 관리와 양복점 견습공에게도 읽혔다. 익명의 독자들은 시장의 공급에 의존한 것이 사실이지만, 그들은 또한 시장의 집단적인 수요를 창출했으며, 시장도 이들을 무시하고는 상업적 실패를 피할 수 없었다.

당시 성공한 작가들은 수입이 사회적 지위와 동일시되는 사회에서 명성과 부를 동시에 얻었다. 가장 두드러진 작가로는 바이런(George Gordon Byron, 1788~1824)과 스콧(Walter Scott, 1771~1832)를 들 수 있다. 예를 들면, 바이런의 데뷔 서사시인 『차일드 해롤드의 편력』은 1812년 출간된 지 3일 만에 13,000부가 팔려 나갈 정도였다. 스콧은 작품을 쓰기 전 법조인으로 한 해에 1,300파운드를 벌었는데, 작가로는 2만 파운드를 벌었다.[10] 이와 같은 사실은 그 유명한 작품 『로빈슨 크루소(Robinson Crusoe,

바이런   스콧

---

10) Per Gedin, *Literature in the Marketplace*, London : Farber and Farber Limited, 1982, p.24, p.30.

1719)』가 처음에는 출판자를 구하지 못하고, 마지막에
겨우 10파운드에 원고를 넘겼던 디포(Daniel Defoe,
1660~1731)의 시대와는 상황이 크게 달라졌음을 보여
주는 것이다.[11]

디포

3. 새로운 독자층의 성장

이와 같은 작가들의 등장은 무엇보다도 독자층의 확대에 힘입은 것이
다. 독자층의 확대는 그 배경으로 산업과 과학의 발달에 따른 유럽 전체
인구의 증가 및 독서 가능 인구 곧 문자 해득 인구의 증가 현상을 들 수 있
다. 영국에서 남성 문자 해득 인구가 1675년 45%이던 것이 1775년 56%로
늘어났다.[12] 또 다른 통계에 의하면, 영국의 문자 해득 인구 비율은 1754
년에서 1762년 사이에 농촌 주민의 48~64%, 도시 주민의 60~74%였는데,
1799년에서 1804년 사이에는 농촌 64~67%, 도시 64~77%로 상승하였
다.[13]

도시 인구의 증가는 독서 인구의 확대에 중요한 요인이 되었다. 산업화
가 진행됨에 따라 도시가 늘어나고 인구도 크게 증가하였다.[14] 1800년 이
전 전 유럽의 인구 중 도시 거주자는 10%에 불과하였고 영국과 네덜란드
에서는 인구의 20% 정도가 도시에 거주하였다. 당시 인구 10만이 넘는 도
시는 서구에서 모두 45개였다. 그러나 19세기에 들어서면서 영국인의

---

11) Arnold Hauser, 앞의 책, p.66.
12) Peter Golding, *The Mass Media*, London : Longman Group Limited, 1974, p.20.
13) Rolf Engelsing, 中川勇治 譯, 『文盲と讀書の社會史』, 東京 : KIC思索社, 1985, p.119.
14) 인구 증가는 구학서 엮음, 『이야기 세계사』, 청아출판사, 2001, p.231 참조.

52%, 프랑스 25%, 독일 36%의 인구가 도시에 거주하게 되었다.[15]

농촌과 달리 도시 사람들은 더 넓은 세상에 눈뜰 수 있었다. 노동자들은 농민이었던 선조들보다 읽고 쓰는 일에 훨씬 더 익숙했고, 읽기와 쓰기를 통해 멀리 떨어진 지역에서 일어나는 사건들을 알 수 있었다.

또한, 유럽에서 대학생의 증가도 독서 인구를 넓히는 요인이 되었다. 일례로 독일의 대학생 숫자는 최근의 추정에 따르면, 1782년에서 1785년 당시 3,500명이던 것이 1800년에는 7,000명으로 증가했다고 한다.[16]

새로운 독자층의 성장을 가져온 문화적 수단 중에서 가장 중요한 것은 잡지였는데, 시민 계급은 잡지를 통하여 문학적인 교양과 세속적인 교양을 얻었다.[17] 이미 17세기 말부터 여성지가 산발적으로 등장하다가 1750년대 이후 급증하였고, 18세기 말엽에는 급변하는 경제 환경 속에서 비즈니스를 위한 전문지가 나와 실용적인 정보를 전하기도 하였다.[18] 또한, 당시 잡지는 소설을 출판하기 위한 미디어로도 작용하였다. 즉, 소설을 몇 회에 나누어 잡지에 게재하는 일은 17세기 말엽부터 행해져 왔는데, 18세기 후반이 되면서 매우 활발해진 것이다.[19]

그런데 산업혁명기 독자층의 확대는 한계가 있어, 하층 계급으로까지 미치지 못하였다. 이것은 산업혁명의 결과가 하층 노동 계급의 생활 향상에 별로 기여하지 못했기 때문이었다. 여가 있는 여성이나 가정의 하인들이 소설에 대한 새로운 독자로 발전하기도 했으나,[20] 대부분의 독자는 역

---

15) 크리스 하먼 지음, 천경록 옮김, 『민중의 세계사』, 도서출판 책갈피, 2004, p.417.
16) Rolf Engelsing, 앞의 책, p.110.
17) Arnold Hauser, 앞의 책, p.57.
18) John Feather, *A History of British Publishing*, 箕輪成男, 譯, 『イギリス出版史』, 東京 : 玉川大學出版部, 1991, p.201.
19) John Feather, 앞의 책, p.202.
20) Peter Golding, 앞의 책, p.20.

시 중류 계급이었다고 할 수 있다. 이런 독자층은 상공업의 발달과 함께 대두된 '19세기의 부르주아지의 핵을 형성할 새로운 대중'으로서 18세기에 이미 움트고 있었던 것으로 보인다.[21] 이런 독서 대중은 상인, 법조인, 정치가, 그리고 대개 런던의 커피숍에서 만나 새로 유행하게 된 커피나 홍차를 마시고 파이프를 피우며 이야기하고 신문을 읽는 그런 부류들로 구성되었다.[22]

4. 도서 대여 제도의 성공

한편, 노동자들의 여가 시간이 늘어나면서 독서가 대중들의 여가 선용의 수단이 되었다. 그러나 당시 서적의 값이 너무 비쌌기 때문에 노동자 계급으로서는 엄두를 낼 수 없었다.[23] 예를 들어, 영국에서 연극 관람은 입석표 가격이 1페니였지만, 소설은 한 권에 3실링이나 되었다. 이는 당시의 다른 물가와 비교하면 1페니는 맥주 한 쿼트(quart, 약 1,140cc)에 불과했지만, 소설 한 권의 값 3실링은 노동자 한 가족이 1~2 주일 동안 먹고 살 액수에 해당되는 큰돈이었다. 물론 경제적으로 하류층에 속하는 독자들을 위해서 보다 싼 값에 인쇄된 오락물들도 많이 있었다. 반 페니나 1페니 정도 하는 민요집, 1~6펜스 정도로 짧막하게 줄인 기사들의 로맨스, 범인들에 대한 새로운 이야기, 혹은 기상천외한 사건들을 다룬 싸구려 책들도 있긴 있었다. 그러나 대부분의 책값은 너무 비쌌기 때문에 대중이 손쉽게 구입할 수 없었다.

---

21) Per Gedin, 앞의 책, pp.13~14.
22) 같은 책, p.14.
23) 당시의 책값은 Ian Watt, *The Rise of Novel*, 전철민 옮김, 『소설의 발생』, 열린책들, 1988, pp.57~58 참조.

이때 이처럼 늘어나는 독자들의 욕구를 채워 주기 위해 생겨난 것이 도서 대여를 하는 순회 도서관 또는 도서 대여 협회의 등장이었다. 이런 순회 도서관은 1725년 이후 나타난 것으로 생각되지만, 이 운동이 급속하게 보급된 것은 1740년 이후의 일로서, 이 해에 런던에 처음으로 순회 도서관이 설립되었다. 보통 1년에 반 기니에서 1기니 정도의 예약금을 내고, 대개 1페니에 책 한 권, 또는 3펜스에 3권으로 된 소설 1질을 빌릴 수 있었다. 이 제도는 성공적으로 퍼져 나가 10년 동안에 7개 이상으로 늘어난 것으로 나와 있다.[24]

이러한 도서 대여 제도의 성공은 소설가들을 격려하여 왕성한 집필 활동을 하게 했고, 유럽의 여러 나라로 확산되었다. 예를 들면, 1788년 독일의 마인츠 시의 어느 도서 대여 협회는 회원 수가 300명에서 많을 때는 425명 정도였는데, 이는 당시 마인츠 시의 전체 인구 2만 2,000명과 비교할 때, 주민의 1~2%에 해당되는 수치이다.[25]

이것은 비싼 도서 가격 때문에 막히게 된 일반 시민들의 독서 욕구를 해결해 준 매우 유용한 제도였다고 생각된다. 이러한 도서 대여 풍속은 18세기 한국에도 있었다. 조선조 정조 때에 재상을 지낸 채제공(蔡濟恭, 1720~1799)이 쓴 『여사서서(女四書序)』에는 다음과 같은 내용이 나온다.[26]

"근세에 패설을 좋아하는 자들이 나날이 늘어가며, 장사치들은 수많은 패설을 베껴서 세책을 함으로 이익을 취하고 있는데, 부녀자들이 손가락지나 비녀를 팔아서 책을 빌려다가 하루 종일 읽고 있다."

한국에서 세책, 곧 도서 대여의 이용자들은 부녀자들, 주로 사대부의 규

---

24) 도서 대여에 관한 내용은 Ian Watt, 앞의 책, p.58 참조.
25) Rolf Engelsing, 앞의 책, pp.121~122.
26) 백운관·부길만, 『한국출판문화변천사』, 타래, 1997, p.84.

수들이었다. 이들이 빌려서 읽은 것은 대개 한글 소설이었다. 18세기 독자층으로는 부녀자 외에도 양반 신분의 선비, 중인, 서출, 서리(胥吏) 등을 들 수 있다. 당시 도서 대여, 곧 세책 업무를 담당한 사람들은 중인 신분의 지식인들이었는데, 이들은 소설책이 상업 출판물로 본격적으로 생산, 보급되기 이전부터 필사본을 위주로 상업적인 출판업과 도서 유통업을 동시에 수행하면서 많은 서책들을 평민과 부녀자들에게 싼 값으로 널리 보급시켰다.[27]

이처럼 18세기에 유럽에서 활판 인쇄에 의한 출판물을 중심으로 도서 대여업이 전개된 데 비하여, 한국에서는 필사본을 중심으로 세책업이 이루어졌다. 그러나 한국과 유럽이 이러한 도서 대여 사업을 통하여 독자층을 넓혀 나간 것은 공통적이다. 한국은 세책 사업 이후, 민간의 상업 출판물인 방각본을 활발하게 제작, 유통시킴으로써 현대 상업 출판의 뿌리를 내리게 되었고, 유럽에서도 도서 대여 사업 이후 출판업과 소매 서점이 분화되면서 본격적으로 발전하기 시작하였다.

5. 서적의 대량 생산과 출판의 기업화

한편, 19세기에 들어서서 유럽에서는 서적의 가격이 이전보다 훨씬 저렴해졌다. 이것은 제지, 인쇄, 제본, 삽화의 모든 분야가 기술적 진보를 이룩하고 다량 출판이 가능해진 데에서 나온 것이다. 이제는 제본도 크로스 제본이 일반화되었다. 스콧이나 바이런 같은 베스트셀러의 작품들은 몇 만 부 단위로 커져서 한꺼번에 우피 제본을 한다는 것은 물리적으로 거의 불가능했고, 손쉬운 크로스 제본을 택하게 되었다. 그리하여 1~2파운드

---

[27] 같은 책, pp.87~88.

하던 고가의 책이 10분의 1인 1~2실링의 가격으로 독자에게 공급되었다.[28]

또한 유럽에서는 서적 산업의 활성화와 함께 종이 생산량도 엄청나게 늘어났다. 영국의 경우 제지 기술의 향상과 함께 1800년 1만 1,000톤이던 종이 생산량이 1900년에는 65만 톤으로 증가했다.[29] 이에 따라 종이 가격은 내려갔고 인쇄의 기계화와 함께 서적의 대량 생산이 더욱 용이해졌다. 또한 서적의 크기도 점점 작아졌는데,[30] 이는 제작 경비를 낮추어 보다 많은 대중 독자들에게 보급하기 위해서였을 것이다. 이런 현상은 이제 출판이 하나의 기업으로 변화해 갔음을 의미한다.

산업혁명기의 이런 환경에서 영국의 롱맨(Longman Group Limited), 브리태니커(Encyclopaedia Britannica Publishing Inc.), 독일의 베르텔스만(Bertelsmann Verlag), 프랑스의 아셰트(Librairie Hachette) 같은 유력한 출판사들이 다수 창립되고 발전되어, 유럽 출판의 뿌리 역할을 담당하게 되었다.

---

28) 出口保夫, 『イギリス文藝出版史』, 東京 : 研究社出版株式會社, 1986, p.126.
29) Diana Laurenson & Alan Swingewood, *The Sociology of Literature*, 정혜선 역, 『문학의 사회학』, 한길사, 1988, p.144.
30) 淸水一嘉, 『イギリス文藝出版史』, 東京 : 日本エディタースクール出版部, 1994.

제6장 저작권 제도의 성립과 발달

1. 세계 최초의 저작권법 탄생

저작권 제도는 유럽에서 활판 인쇄술의 발달로 서적이 대량 생산되기 시작한 이후에 생겨났다. 필사본 시대에는 책의 내용을 손으로 베껴 쓴 사람이 바로 그 저술의 소유주가 되었다.

필사 과정 중에 실수나 고의로 내용을 고치는 일이 자주 발생하였는데, 일반 서적은 물론이고 종교 경전의 경우도 마찬가지였다. 현대인이 사용하는 성서도 숱한 필사와 편집 작업을 거쳐서 현재의 모습이 된 것이다. 이런 상황에서 저작자의 재산권이라든가 책의 내용이 저자의 원고와 같아야 한다는 동일성 유지권 등 현대적 의미의 저작권 개념은 상상도 할 수 없었을 것이다.

물론, 고대에도 그리스와 로마에서는 표절 행위를 비열한 것이라고 비난했고, 그리스인들은 문학 작품의 해적 행위를 강력하게 금지하였다는 주장도 있다.[1] 그러나 오늘날 우리가 사용하는 의미의 저작권, 곧 자신의 저작물에 대한 저자의 배타적인 재산권에 대한 인식은 18세기 초 영국에서 시작되었다.

영국 의회에서 1709년 앤여왕법(the Statute of Anne)이라고 불리는 세계 최초의 저작권법이 제정되어, 1710년 4월 10일부터 효력이 발생하였다. 이 법의 정식 명칭은 '일정 기간 동안 저자나 저작권 구매자에게 그 인쇄된 저작물에 관한 권리를 부여함으로써 학문을 장려하기 위한 법(An act for encouragement of learning, by vesting the copies of printed books in the authors or purchasers of such copies, during the times therein mentioned)'이다.

저작권을 저자 사후 50년까지 보호하고 있는 현재의 저작권법과 많은

---

1) 유네스코 편, 백승길·박관희 역, 『저작권이란 무엇인가』, 보성사, 1983, p.23.

차이가 나는 이 법의 구체적인 내용은 다음과 같다.[2]

저자는 출판일로부터 14년 동안 배타적인 저작권을 갖는다. 이 기간 후에도 저자가 생존하고 있을 경우, 또다시 14년을 갱신할 수 있다. 책이 이미 간행되어 있는 경우, 소유주는 1710년 4월 10일부터 계산하여 21년 동안 저작권을 소유한다. 이것은 셰익스피어(William Shakespeare, 1564~1616), 밀턴(John Milton, 1608~1674), 드라이든(John Dryden, 1631~1700)과 같은 당시 유명 작가들의 작품이 1731년 이후에는 누구나 이용할 수 있게 되었음을 의미한다.

셰익스피어

앤여왕법에 의하여 저작권 보호를 받으려면, 저작자는 자신의 명의로 저작물을 등록하고, 대학이나 도서관 보관용으로 인쇄한 저작물 9부를 납본해야 했으며, 또한 서적업 조합의 기록부에 등록해야 했다.

드라이든

서적업 조합은 인쇄인, 출판인, 서적 소매상 3자의 업종이 소속되어 있었는데, 처음 조합이 설립되었을 때의 중심적 존재는 인쇄인이었다가 차츰 조합 내의 출판인으로 이행하였다. 이것은 초기 자본의 축적이 진행되면서 대자본을 갖춘 출판인이 인쇄인이나 서적상을 하청화하게 되었음을 의미한다.[3]

---

2) Colin Clair, *A History of Printing in Britain*, New York : Oxford University Press, 1966, p.171.

3) 箕輪成男, 『'國際コミュニケーション'としての出版』, 東京 : 日本エディタースクール出版部, 1993, p.139.

이러한 앤여왕법이 나오기 이전, 영국에서 출판 관련 법률은 검열 또는 허가에 대한 것뿐이었다.[4] 16~17세기에 영국에서는 검열법을 지속적으로 만들어 시행했다. 심지어 런던 서적 출판 협회는 금서를 제작하는 인쇄업자들을 추적하고, 또 그런 인쇄업자들을 신체적으로 불구가 되도록 처벌할 수 있는 임무도 부여받았다. 이런 가혹한 법률로 많은 인쇄소들이 파괴되었을 뿐만 아니라, 불법 도서를 팔다가 잡힌 판매상들은 공개적으로 채찍질을 당했다.

또한, 정부의 특별 허가를 받은 출판업자만 책을 인쇄할 수 있었다. 그런데 이러한 검열과 허가에 관한 법률은 저자의 책에 대한 소유권을 간접적으로 보호해 주었다. 저자의 권리에 관한 최초의 공식화는 1662년 면허법 또는 인쇄법이라는 법률을 통해서였다. 이것은 면허 없이 음성적으로 행해지는 인쇄를 더 효과적으로 찾아내기 위해 영국 왕 찰스 2세가 의회에 제출한 법률이었다. 찰스 2세는 반역적인 책과 팸플릿을 엄격하게 통제한 왕이었다.

인쇄법이 국회를 통과하자, 이제 판매상에게는 면허가 있어야 했고, 인쇄된 책은 모두 서적 출판 협회에 한 권씩 제출하고 등록해야 했다. 법률의 의도는 시장에 나오는 출판물의 통제였지만, 그 결과로 저작권의 소유 문제가 확실히 규정되게 되었다. 이런 면허 체계와 그 결과로 발생한 저작권 보호는 1695년 인쇄법 시효의 만료와 함께 끝이 났다. 서적 출판 협회는 의회에 그 법규의 부활을 청원했다. 그러나 10년이 지나고 나서야 의회는 그 문제를 다루기 시작했고, 1710년 마침내 저작권법의 형태로 해결책이 등장한 것이다.

그러나 앤여왕법은 저작권 보호에서 한계가 있었다. 즉, 저작권 보호가

---

4) 앤여왕법 이전의 검열 및 허가에 관한 법률은, 니콜 하워드 지음, 송대범 옮김, 『책, 문명과 지식의 진화사』, 도서출판 플래닛미디어, 2007, pp.196~198 참조.

책, 그것도 국내 서적에 국한되었다. 다시 말하면, 책의 해외 수입을 통한 해적 행위는 막을 수 없었다. 그 결과 아일랜드나 네덜란드에서 인쇄된 책들이 매우 저렴한 가격으로 들어왔다.[5] 한 국가 내에서는 아무리 먼 지방의 인쇄소에서 불법 복제가 발생하더라도 그것을 출판한 업자를 상대로 소송을 제기할 수 있었다. 그러나 머나먼 외국의 해적 행위는 여전히 문제로 남아 있었다.[6]

해적 행위는 17세기와 18세기 내내 유럽 곳곳에서 이루어졌는데, 그 행태도 다음과 같이 다양했다.[7]

첫 번째 해적 행위는 인쇄공이 은밀히 교정쇄나 원고를 다른 인쇄소에 넘기고 수입을 챙기는 경우이다. 교정쇄를 빼낸 인쇄소는 몰래 자기들의 활자를 사용하여 책을 만들었다. 합법적으로 그 일을 맡은 인쇄소보다 먼저 책을 완성하기도 하였는데, 이때에는 영국의 법률상 그 책의 '합법적인 소유주'가 되는 것이다.

두 번째 발행업자가 주문했던 양을 초과하여 인쇄한 데에서 나오는 여분 인쇄물을 처분하는 경우이다. 만일 500권의 책이 인쇄될 예정이라면, 은밀하게 추가로 50부를 더 찍어 그것을 팔아 덤으로 이익을 얻는 것이다. 그런 책에 관심 있는 서점은 언제든 있게 마련이다. 왜냐 하면 그런 책들은 가격이 낮아서 더 많은 이익을 볼 수 있기 때문이다.

세 번째 책의 요약판을 파는 것이다. 그것은 저자가 쓴 본문을 적당히 손질만 한 조악한 요약이었다. 이런 것은 빠르게 제작할 수 있다는 장점이 있을 뿐 아니라, 긴 작품을 축약시킨 버전을 읽는 데 관심이 있는 독자층도 존재해서 나름대로 시장이 형성되어 있었다.

네 번째 번역도 일종의 해적 행위가 되었다. 가령 라틴어를 프랑스어로

---

5) Colin Clair, 앞의 책, pp.171~172.
6) 니콜 하워드 지음, 앞의 책, pp.199~200.
7) 같은 책, pp.194~195.

번역하면 법적으로 그 책은 완전히 원본과 같은 자격을 가지게 되었다. 그리하여 인쇄업자는 라틴어를 영어로 번역할 사람을 고용하여, 라틴어는 모르지만 고전에 담겨 있는 이야기나 정보는 알고 싶어 하는 독자들을 겨냥하여 출판했다.

2. 저작권 제도의 전파

앤여왕법은 책의 단순한 복제, 곧 서적을 인쇄해서 배포할 수 있는 권리에 한정되었다. 예를 들면, 특정 작품에 대한 연극 상연이나 각본 또는 외국에서의 번역 등을 통한 침해에 대해서는 아무런 대책이 없었다. 얼마 후 영국에서는 호가스(Hogarth)를 중심으로 한 화가들의 요청에 따라 1735년 '조각가법(engraver act)'이 제정되었다. 이후에도 저작권법은 다른 나라로 전파되면서 크게 발전되어 갔다.[8]

애견과 함께 있는 호가스의 자화상

프랑스에서는 1791년 혁명법에서 정신적 소유권론을 확인했고 저작권 존속 기간을 저작자 사후 10년으로 한 데 이어, 1866년에는 사후 50년으로 연장하였다. 또한 1791년에 채택된 저작권법에서는 공연권을 포함시켰다. 미국에서는 1790년에 연방 저작권법이 제정되었으며, 러시아에서는

---

[8] 저작권법의 전파와 발달은, 유네스코 편, 앞의 책, pp.26~29 ; 전영표, 『정보사회와 저작권』, 법경출판사, 1993, pp.94~105 ; 한승헌, 『저작권의 법제와 실무』, 삼민사, 1988, p.23 참조.

1830년에 저작권법이 제정되었다. 독일은 1837년 프로이센의 저작권법에서 저작자 사후 30년의 보호 기간을 부여했다. 일본에서는 1869년에 출판조례가 공포되었고, 그 후 출판법과 판권법이 시행되다가 1899년에 근대적인 저작권법이 제정되었다.

외국의 저작물인 경우, 처음에는 호혜주의를 규정하고 있는 국내법에 특별 조항을 두어 보호하였다. 그러나 이 같은 조치로 국제적인 저작권 보호 문제를 모두 해결할 수는 없었다. 모든 조약 체결국이 외국의 저작물을 보호할 것을 의무로 하는 국제기구의 필요성이 생겨났다. 이에 따라 최초로 다국간에 국제 협약이 체결되었는데, 이것이 바로 1886년에 성립을 본 '문학 및 예술 저작물 보호에 관한 베른협약(the berne convention for the protection of literary and artistic works)'이다.[9] 그리고 1952년에는 '세계저작권 조약(universal copyright convention)'이 채택되었다.

3. 저작권 제도의 확립과 작가의 위상

한편, 저작권 제도의 확립과 아울러 작가들의 존립 방식과 위상도 현저히 달라지게 되었다. 저작권 제도가 확립되기 이전, 원고를 돈과 바꿀 수 있는 상품으로 여기는 인식은 그렇게 뚜렷하지 않았다. 자기의 저술이 인쇄되면, 저자는 기껏해야 몇 부를 받아 헌사를 붙여 귀족이나 고위 성직자

---

9) 해적판 발행의 피해를 가장 크게 입은 것은 프랑스의 작가들이었다. 유럽 상류사회의 독서층에 프랑스어책을 읽을 수 있는 사람이 많았기 때문이었다. 이때 대책 마련에 앞장 선 사람이 빅토르 위고와 알렉산더 뒤마였다. 그들은 1838년에 프랑스문예가협회를 창립한 데 이어 국제문예가협회를 창설하여 저작권의 국제적 보호운동을 전개하였다. 여기에 프랑스 정부와 스위스 정부가 적극 호응함으로써 국제저작권조약의 선구라 할 수 있는 베른협약이 탄생된 것이다(한승헌, 앞의 책, p.24 참조).

에게 바치고 그로부터 얼마만큼의 금품을 받는 이른바 패트런 제도가 당연한 관습이었다.[10]

저작권 제도가 정착되기 시작한 18세기 중엽 이후 패트런 제도는 사라지게 되었다. 그러나 19세기 초엽에 이르기까지 작가들은 재정적 또는 사회적으로 불안정한 처지에 놓이게 되었다. 이에 따라 작가들은 출판업자에게 전적으로 의존하게 되었다. 그러나 저작권법의 발달과 함께 19세기에는 출판업자와 작가가 어느 정도 상호 존중하는 입장을 취하게 되었다.

이 시기에 유명했던 신문, 잡지 등의 기고에 대해 집필자에게 사례하는 습관이 널리 퍼지면서 저작권법도 점차 저자에게 유리한 방향으로 변해갔는데, 당시 유명 잡지에 기고할 경우 원고료는 매우 높았다고 한다.[11] 물론 이러한 변화는 디킨스(Charles Dickens, 1812~1870), 칼라일(Thomas Carlyle, 1795~1881), 워즈워드(William Wordsworth, 1770~1850), 램(Charles Lamb, 1755~1834) 같은 유명 작가들의 강력한 주장과 시대의 변천을 깨달은 출판인들의 타협에 따른 것이라고 볼 수 있다.[12]

이렇게 되어 작가들은 어느 정도의 자립성을 확립해가기 시작했다. 영

디킨스

칼라일

워즈워드

10) 이광주, 『유럽 사회-풍속 산책』, 까치, 1993, p.122.
11) 出口保夫, 『イギリス文藝出版史』, 東京 : 研究社出版株式會社, 1986, p.127.
12) 箕輪成男, 앞의 책, pp.142~143.

국에서의 근대적 시민혁명에 대한 저널리스트들의 역할도 작가들의 지위 향상에 적지 않게 작용하였다.[13]

한편, 당시 서적 발행과 관련하여 저자와 인쇄 출판인의 거래 방식은 다음과 같이 다양하게 나타났다.[14] 첫째, 저자가 출판 비용을 전부 부담하고, 따라서 팔린 책 대금을 모두 수취하고 인쇄 출판인은 그 책에 대해서 일정 비율의 커미션을 받는 방식이다. 둘째, 저자와 출판인이 모든 비용을 공동 부담한 후 이익을 배분하는 방식이다. 셋째, 출판인이 고정된 가격으로 저작권을 구매, 즉 출판권을 양도받는 방식이다. 넷째, 출판인이 저작권을 몇 년 간 구입하고, 그 후에 다시 저작권을 저자에게 넘기는 방식이다. 다섯째, 인세 제도로서 가장 최신의 지불 방식이다. 18세기 중반 이후 저작권의 매매는 일반화되었고, 오늘날과 같은 인세 제도가 19세기 동안 서서히 정착되어 갔다.

그런데 현대에 이르러 저자의 개념은 인격적인 개인에 국한되지 않고, 하나의 문화적 실체(cultural entity), 곧 생산자로 확대되었다. 즉, 마이크로소프트와 디즈니 같은 회사를 법적 의미에서 저자로 인식하는 것이다.[15] 포코트(Foucault)는 저자를 법적 문화적 기능으로 규정하면서, 비인격화된 저자의 기능은 다음의 네 가지 특성을 지닌다고 주장한다.[16]

첫째, 그것은 문화 안에서 담화를 규정하는 법률적 체계이다. 둘째, 그것은 다른 문화 속에서는 다르게 작용한다. 셋째, 저자는 저작물을 앞서지

---

13) 이광주, 앞의 책, p.254.
14) Per Gedin, *Literature in Marketplace*, London : Faber and Faber Limited, 1982, pp.26~27.
15) Siva Vaidhyanathan, Copyrights and Copywrongs : *The Rise of Intellectual Property and How It Threatens Creativity*, New York and London : New York University Press, 2001, p.10.
16) 같은 책, p.10.

않는다(본질은 존재를 앞서지 않는다는 사르트르의 인간관처럼). 그러나 저자는 법적 문화적 환경 안에서 기능하기 때문에 존재한다. 넷째, 그것은 단순히 실제적이고 차별적인 인간이 아니라, 독립적이되 모순적이며 때로는 갈등하는 복합적인 아이덴티티(identity)를 나타낸다.

여기에서 세 번째 특성으로 제시한, '저작물이 저자를 앞선다.' 는 포코트의 주장은 두 가지 측면에서 주목할 필요가 있다. 우선, 저작물의 내용에 대한 것으로 독서와 해석의 문제이다. 저작물은 독자가 이해하고 해석해 줄 때 가치를 지닌다. 그것은 저자가 할 수 없는 역할로서, 저작물 자체가 스스로 독자와의 관계 속에서 형성될 수밖에 없는 구조를 지닌다. 다시 말하면, 특정 텍스트가 독자의 이해 속에서 저자를 앞서게 되는 것이다.

이때 저자가 개인적인 존재라면, 저작물은 사회적 존재가 된다. 이 사회적 존재성은 두 번째 측면과 결부된다. 그것은 상품으로서의 저작물의 성격이다. 저작물은 전적으로 저자의 생산물이라 할지라도 상품으로서 시장에 나오지 않는 한 아무런 의미도 없다. 일단 상품으로서 시장에 나올 경우, 저자의 존재는 부차적인 것이 되고 저작물 자체가 앞장서서 스스로를 드러내게 된다. 비인격화된 저자의 문화적 법적 기능이라 함은 바로 저자에 앞서는 저작물의 사회적 존재 가치를 의미한다고 볼 수 있다.

4. 문화 향상을 위한 적절한 저작권 시스템의 구축

저작권 제도는 권력자들이 출판물을 통제하기 위한 수단으로 인쇄 특권 제도를 시행하는 데에서 그 싹이 생겼다.[17] 이 제도를 통하여 인쇄 특허를

---

17) 최초의 인쇄특권은 1495년 이탈리아의 베니스 시가 출판업자 마누티우스(Aldus Manutius)에게 준 것이다.

얻은 업자는 출판물을 독점적으로 인쇄, 출판할 권리를 행사하여 이윤을 얻는 반면, 정부는 특허료를 징수하여 수입을 올리는 외에도 출판물의 사전 검열을 통하여 통제가 쉬워지는 이점을 노렸다.[18] 이러한 인쇄 특권 제도가 발전하는 가운데 저작권법의 제정으로 이어진 것이다. 따라서 저작권법은 처음에 서적업자 중심에서 점차 발달하면서 저자 중심으로 나아간 것이다.

이 저작권 사상은 현대에 와서 공공의 소유권을 중시하는 방향으로 진행되고 있다. 그러나 현실의 산업 구조에서는 저작권 사상과 달리, 공공의 이익이 무시되어 왔다. 즉, 새로이 거대한 저작권자로 등장한 생산자로서의 거대 기업은 저작권을 기업 이윤과 연계시키며 더욱 확장하려 하고 있다. 불합리한 정책에 반대하는 학자들은 마이크로소프트와 디즈니와 같은 거대 기업의 변호사들과 대항해 왔지만, 공정한 싸움이 될 수 없었다. 이와 같은 문제 의식에서 저작권 문제에 대한 합리적인 처방은 공공의 영역에서 논의해야 한다는 주장이 나왔다.[19] 공공의 영역이라는 사상은 앤여왕법이 제정된 18세기 초부터 저작권 제도의 확립에서 본질적인 것이었다.

공정한 경쟁과 공공의 이익을 위하여 서적상 조합의 강력한 상업적 기득권에 대항하기 위한 방법으로, 당시 영국 의회가 제시한 것이 바로 저작권 유효 기간의 설정이었다. 즉, 기존 저작물의 저작권 유효 기간을 21년으로 정한 것은 이러한 서적상들의 힘에 대항하여 나온 하나의 타협책이었다.[20]

---

18) 한승헌, 앞의 책, p.22.
19) Siva Vaidhyanathan, 앞의 책, pp.5~6.
20) 로렌스 레식 지음, 이주명 옮김, 『자유문화 : 인터넷시대의 창작과 저작권 문제』, 필맥, 2005, p.148. 당시 서적상조합은 왕의 억압적 통치에 도구로 이용되었을 뿐만 아니라, 그들 자신의 독점이익을 확고히 하기 위해 영국의 자유를 팔아먹는 자들로 비판받았다(같은 책, p.147 참조).

그러나 저작권 제도의 발달은 공공 영역의 확대보다는 저작자의 권리만을 강화해 주는 방향으로 치달았다. 처음 앤여왕법에서 보호 기간이 14년과 단 한 번의 갱신, 또는 21년에서 저작자 사후 30년까지로 늘어났고, 다시 사후 50년으로 연장된 이후, 최근 사후 70년을 주장하는 데에 이르렀다. 한국은 FTA에서 이미 저작권 보호 기간을 사후 70년에 동의해 준 상태이다. 이것은 국가 이익의 실현이라는 관점에서뿐만 아니라, 저작권법의 공공적 특성이라는 측면에서도 후퇴가 아닐 수 없다. 적절한 저작권 보호가 자국의 문화와 정치에 기여할 것이라는 주장은 이미 미국의 저작권법 역사학자에 의하여 이렇게 제기된 바 있다.

"미국 문화와 정치는 '미약한(thin) 저작권 보호'를 보장하는 시스템에서 더 잘 기능할 것이다. 그것은 예술가, 학자, 작가, 학생들이 풍부한 공공의 소유권을 향유하고 저작권을 가진 복제물의 '공정한 이용'을 넓힐 수 있는 데에 국한된 미약한 시스템이다. '강력한(thick)' 저작권이 창의성을 움츠리게 하는 반면, 미약한 저작권은 미국 문학, 음악, 미술, 그리고 민주적인 문화를 풍요롭게 할 것이다. …… 잘 조화되고 균형을 이룬 저작권 시스템은 새로운 문화적 표현을 격려하고, 민주주의적 활동에 기여할 수 있을 것이다."[21]

문화 향상과 민주주의 발달을 위한 적절한 저작권 시스템의 확립은 한국에서도 절실한 과제가 아닐 수 없다.

---

[21] Siva Vaidhyanathan, 앞의 책, pp.15~16.

제7장 정보화 사회와 전자 출판

1. 전자 출판의 역사적 의의

20세기 후반 전자 출판의 등장으로 출판은 새로운 시대를 맞이하게 된다. 활판 인쇄술을 통하여 모든 국민이 자유롭게 책을 읽을 수 있게 되었다면, 전자 출판을 통하여 개개인이 손쉽게 책을 만들어낼 수 있게 된 것이다. 바로 DTP(Desk Top Publishing) 곧 탁상 출판, 즉 각 개인이 자기 책상에서 곧바로 책을 출판할 수 있는 시대가 열린 것이다. 이 전자 출판 시대는 역사적으로 정보화 사회와 맞물리는데, 이는 인류 역사상에서도 전혀 달라진 시기에 해당한다. 학자들은 본격적인 인류 문화의 시작을 농업 사회에서부터 찾고 있다.

'문화'라는 뜻의 'culture'는 농작물의 '경작(cultivation)'에서 온 것으로, 순전히 농업적인 연원에서 유래하였는데, 점차 그 의미가 확장되면서 19세기 후반에 와서는 물질, 지성, 정신에 걸친 전반적 생활 양식을 의미하는 것으로 알려졌다.

인류는 약 30만 년의 수렵 채취 시대를 거쳐 농기구를 발명하여 사용하면서 약 1만년 동안 농경 사회를 유지하였고, 18세기 중엽에 시작된 산업 혁명을 실마리로 하여 산업 사회가 시작되었다. 산업 사회는 농경 문화가 정착되어 인구가 증가함에 따라 도시가 형성되면서 나타난 새로운 유형의 문화 형태라 할 수 있다.[1]

산업 사회에서 상품 화폐 경제가 발달하였으며, 자본주의가 전 세계적으로 성행하게 되었다. 인간 행위의 여러 요인 중에서 경제적 동기가 최우선 순위가 되었다. 출판 행위 역시 상품으로서 도서를 생산, 판매하여 이윤을 남기는 산업으로 급속하게 변모되어 갔다. 물론 유럽에서 도서의 대

---

1) 한국언론학회·한국사회학회 엮음, 『정보화시대의 미디어와 문화』, 세계사, 1998, pp.110~111.

량생산과 판매 행위는 산업 사회가 시작되기 훨씬 이전인 15세기 중반 구텐베르크의 활판 인쇄술 발명 이후 본격적으로 이루어진 바 있다. 이것이 산업 사회에서 이룩한 기계화를 통하여 서적의 대량 생산이 엄청나게 빠른 속도로 진행되면서, 지식의 대중화에 가속도가 붙게 된 것이다.

그러나 20세기 후반 시작된 정보화는 산업 사회의 모습을 탈피시켜 전혀 새로운 사회를 만들어 나간다. 이러한 탈산업 사회의 특징을 다니엘 벨은 다음과 같이 제시한다.[2]

첫째, 자본과 동력이 아니라, 지식과 정보가 사회적 자원이 되었다. 둘째, 지식과 정보를 생산하는 대학이나 학회, 연구소 등과 같은 각종 연구 기관들이 핵심적인 사회 제도로 떠오르는 사회이다. 셋째, 재화 생산 중심의 사회가 아니라, 기술 혁신으로 인한 서비스 생산 중심의 사회이다.

벨에 의하면, 정보화 사회는 탈산업 사회에서도 가장 첨단적인 측면을 드러내는 개념이다. 즉, 정보를 매개로 컴퓨터와 전기통신 분야의 기술혁신에 기반하여 일어나고 있는 기술 혁명의 결과 정보화 사회가 이루어진다고 파악하는 것이다.

라키토프는 오늘날 진행되는 정보 컴퓨터 혁명은 인간의 지적 행위를 테크놀로지화시키면서 사무 작업, 교육, 정치, 풍속, 의료, 문화, 세계관 그리고 과학 등에 근본적으로 영향을 미치고 있다고 주장한다.[3] 이 정보 컴퓨터 혁명은 텔레비전, 복사기, 라디오와 비디오 방송을 이용하는 대중 정보 체계의 도움을 빌려 모든 정신 문화적인 과정을 가속시키는 기술 체계와 연관되어 있다.[4]

여기에서 인쇄 출판도 정보 컴퓨터 혁명의 시대, 곧 전자 출판의 시대에

---

2) 정보사회학회 편, 『정보사회의 이해』, 나남출판, 2001, pp.70~71.
3) 라키토프 지음, 이득재 옮김, 『컴퓨터혁명의 철학』, 문예출판사, 1996, p.45.
4) 같은 책, p.295.

들어서게 된다. 전자 출판이란 컴퓨터를 이용하여 출판 행위를 하는 것이다. 전자 출판은 최종 출력물을 기준으로 종이책 전자 출판(paper book CAP)과 비종이책 전자 출판(non-paper book CAP)으로 구분한다. 비종이책 전자 출판에는 디스크책 전자 출판(disk book CAP)과 통신망을 사용하는 화면책 전자 출판(network screen book CAP)이 있다.[5]

2. 전자 출판의 발전 단계

전자 출판이 처음 등장했을 때는 일반 출판물, 곧 종이책을 위한 전산 편집 시스템으로 활용되었다. 즉, 전자 출판의 1단계로서 제작 공정의 전산화를 이룬 것이다. 제2단계에서는 종이책이 아니라, 전자 출판물을 제작하게 된다. 전자 출판물(electronic publications)이란 전자 출판으로 생성된 비종이책의 출력물로서 디지털 신호로 문자, 그림, 소리, 동영상 등을 담아내고 있다. CD-ROM, CD-I 등 디스크에 출판된 디지털 디스크책이 대표적인 전자 출판물이다. 백과사전, 어학서, 학습 참고서 등으로 많이 나오고 있다. 제3단계는 컴퓨터 네트워크를 통한 인터넷상의 출판 행위로서 상호 통신이 가능한 새로운 출판 형태라 할 수 있다. 또한 문자, 소리, 동영상 등을 모두 담아내는 멀티미디어의 기능을 갖는다. 이것은 전자 통신 출판, 온라인형 출판, 네트워크형 출판, 화면책 출판, 전자책(e-book) 출판 등으로 불리고 있다.

특히, 최근 등장한 전자책은 기존의 인쇄 미디어와는 확연히 다른 디지털 정보 양식에 근거하고 있다. 디지털 정보 양식은 여러 가지 범주에서

---

[5] 이기성, 『개정판 전자 출판-4』, 서울출판미디어, 2002, p.13. CAP는 컴퓨터에 의한 출판(Computer Aided Publishing)이란 뜻으로 전자 출판을 말한다.

이전과 다른 몇 가지 특징들을 보여 준다.[6]

 우선 정보 생산자의 범주에서 볼 때, 디지털 정보 양식은 기존의 분업적 텍스트 생산자의 성격에서 벗어나 다양한 소수의 멀티미디어 생산자 겸 이용자의 성격을 갖고 있다. 둘째, 의사 소통 수단의 유형에서 보면 상호 작용성을 띠고 있는 PC 통신과 인터넷, 그리고 CD-ROM 등 다양한 디지털 매체 형태로 나타나며, 정보 구성 방식에서도 기존의 텍스트 구성에서 벗어나 하이퍼텍스트적인 다차원적 구성으로 이루어진다. 특히 이용자의 미디어 접근과 이용 형태면에서 일방적인 인터페이스에서 벗어나 쌍방향적인 인터페이스로 이용자와의 상호 작용을 기본 특성으로 하고 있다. 이러한 디지털 정보 양식은 전통적인 인쇄 미디어의 정보 양식이 갖고 있는 한계를 극복하면서 동시에 미디어 이용자들의 정보 이용과 참여의 폭을 넓히고 있음을 알 수 있다.

3. 하이퍼텍스트와 독서

 여기에서 우리는 전자책의 주요한 특성인 하이퍼텍스트에 주목해야 할 것이다. 하이퍼텍스트란 내용과 관계있는 텍스트, 그림, 소리 등을 링크(link) 기능을 이용해 연결해 볼 수 있는 양식이다. 이 같은 하이퍼텍스트는 디지털화된 텍스트의 형식, 즉, 이전의 활자 매체와는 근본적으로 다른 새로운 정보 기술과 출판의 양식을 지칭하는 개념이다.[7]

---

6) 강진숙, "디지털 정보양식과 웹진", 『출판@디지털커뮤니케이션』, 이진출판사, 2001, pp.174~175.
7) 황민선, "도서의 디지털화에 따른 독서 양식의 변화 연구", 『한국출판학연구』, 제44호, 2002, p.479.

하이퍼텍스트는 링크(link, 끈)와 노드(node, 마디)로 이루어진다.[8] 노드는 웹에서 한 번 클릭해서 볼 수 있는 화면 전체, 한 쪽 페이지를 말한다. 노드는 하이퍼텍스트 정보의 기본 단위이다. 웹사이트를 돌아다니다 보면 우리는 한 쪽의 크기가 책처럼 정해져 있지 않고 변화무쌍함을 알 수 있다. 쪽이란 말은 하이퍼텍스트의 노드에는 어울리지 않는다. 오히려 두루마리가 딱 어울린다. 프로그램의 창을 스크롤하는 것이 두루마리를 폈다 감았다 하는 것과 비슷하다. 물론 두루마리와 달리 문자, 소리, 그림, 사진, 동영상 무엇이든 노드 속으로 들어올 수 있다. 이 노드는 링크를 통해 서로 연결된다.

전자책의 등장으로 인하여 독서 방식도 완전히 달라졌다. 이제까지의 독서란 저자의 글에 의존하여 체제와 의미를 맞추어 가는 것이었다. 그러나 하이퍼텍스트시대에 들어와서 그것은 전혀 다른 양상으로 바뀌게 되었다.

하이퍼텍스트에서 독자는 자신이 원하는 곳만을 클릭해 본다. 독자는 광대한 데이터베이스의 바다 속에서 자신이 원하는 정보를 검색하여 복사하고 자르고 편집한다. 이 행위는 일종의 해석이며 창조인데, 작업이 끝난 뒤 정보는 없었던 것처럼 다시 데이터베이스의 바다 속으로 되돌려진다.[9]

데이터베이스로서의 책은 인터넷 공간에 존재하는데, 그 특성을 이렇게 말할 수 있다.

"인터넷 공간에 있는 다른 문서나 출판물이나 소리나 영상을 그 자리에서 참조할 수 있다. 인터넷 자체가 거대한 데이터베이스인 것이다. 여기에서는 질의 높고 낮음이나 데이터의 신규성을 묻지 않으며, 또 공적인 문서(학술잡지)와 사적인 문서(일기나 블로그)의 차이를 가리지 않고 모든 것

---

[8] 링크와 노드에 대한 설명은 배식한, 『인터넷, 하이퍼텍스트 그리고 책의 종말』, 책세상, 2000, p.20 참조.
[9] 최혜실, "디지털 서사(e-narrative)의 현황과 전망", 『계간 사상』, 2001년 봄호, p.135.

이 데이터베이스의 자산으로 축적된다. 이런 일상생활의 네트워크 경험으로 인해 지금 우리가 사는 세계에 지금까지와는 다른 독서 방법, 새로운 독서 스타일이 나오고 있는 것이다."[10]

또한, 하이퍼텍스트에서는 작가(저자)와 독자의 개념 자체가 다음과 같이 확연히 달라진다.[11]

이제까지 작가는 글을 쓰는 사람이고 독자는 이를 읽는 사람으로 철저히 분리되어 왔다. 따라서 권위를 지닌 작가는 자신의 생각을 전달하고 독자는 선형적 구조의 이야기를 일방적으로 받아들일 것인가 아닌가를 선택해야 했다.

작가는 견고한 교사의 입장을, 그리고 독자는 충실한 학습자의 역할을 다하는 것이 올바른 독서 방법이었다면, 하이퍼텍스트의 링크 연결 방식은 독자와 작가의 경계를 허물고, 독자는 작가가 작성해 놓은 기존 텍스트를 재해석하여 새로운 텍스트를 구성해내는 작가가 되기도 한다. 즉 작가는 창조자이기 전에 이미 여러 종류의 다양한 텍스트를 읽은 또 하나의 독자이기에 그의 텍스트에는 앞서 읽은 텍스트에 대한 영향이 담겨져 있고, 이를 읽어내는 독자 역시 스스로 줄거리를 엮어 나가는 작가에 다름없기에 작가는 독자이고 또한 독자는 작가가 될 수 있는 것이다.

---

[10] 津野海太郎, "디지털 시대의 책과 독서", 『한국출판포럼 2004 자료집』, 출판유통진흥원, 2005, p.53. 인터넷이라는 거대한 데이터베이스는 우리가 영위하는 일상생활을 흡수하면서 급속도로 팽창하고 있다. 그러나 데이터베이스에도 한계가 있다. 주로 적은 단위의 정보를 꼼꼼하게 처리하는 일이 중심이기 때문에 소설이나 철학 등의 인문적 독서에는 맞지 않는다. 때문에 전통적인 책이나 독서습관은 앞으로도 사라지지 않을 것이다. "광대한 데이터베이스의 공간을 창조적으로 정확하게 구사하고 본인에게 필요한 '책'을 스스로 편집하는 것, 이것이야말로 새로운 독서이다."라고 할 수 있다. 지금 중요한 것은 신구(新舊) 두 가지의 독서 스타일을 제대로 구분하고 풍요롭게 공존시키는 것이다(같은 책, pp.54~55 참조).

[11] 채새미, "도전과 탐험 그리고 발견의 미학-하이퍼텍스트와 문학의 변화", 『태릉어문연구』 제12집, 2005, p.79.

4. 컴퓨터 시대의 글쓰기

　전자 출판에서는 독서뿐만 아니라, 글쓰기 자체도 달라진다. 물론 글쓰기 이전 단계에는 말하기가 인류의 의사 소통 방식이었다. 서구 기독교 사회에서는 오랜 기간 말하기가 일상생활에서의 의사 전달은 물론 진리 전파의 중요한 수단이었다. 아니, 기독교에서는 말 자체를 신 또는 진리와 동일시한 바 있다. 대표적인 예가 성서의 다음 구절이다. "태초에 말씀이 있었다. 이 말씀이 신과 함께 있었으니 이 말씀은 곧 신이다(요한복음 1 : 1)." 여기에서 '말씀'은 영어로 'Word'이고, 신약성서 원어인 그리스어로는 '로고스(Logos)'이다.[12]

　그리스의 철학자 플라톤 또한 글보다 말을 더 높이 평가하였는데, 그것은 말이 진리에 더 가까운 것이라고 생각했기 때문이었다. 플라톤은 『파이드로스』에서 말이 관념을 전달하는 그 개인의 생생하고 육체적인 현존에 더 가까이 있다고 주장한다.[13]

　그러나 15세기 중반 인쇄술의 등장으로 출판물이 널리 퍼지기 시작하면서, 말이 아니라 인쇄물에 적힌 문자의 영향력이 커져 나가기 시작하였다. 물론 필사본 시대에도 문자의 힘이 크게 작용한 것이 사실이지만, 파급력에서는 인쇄본과는 비교가 되지 않았다.

　맥루한에 의하면, 구텐베르크의 인쇄기 등장 이후 인류의 의사 소통 방

---

12) 로고스의 의미는 신의 섭리, 이것을 아는 이성, 그리고 이에 대한 표현을 포괄하는 개념인데, 한국에서 초기 선교사들에 의하여 '도(道)'라고 번역되었고 후에는 '말씀'으로 옮겨서 지금까지 쓰고 있다.

13) 페넬로페 도이치 지음, 변성찬 옮김, 『HOW TO READ 데리다』, 웅진씽크빅, 2007, pp.25~29. 데리다는 글이 말의 복사(copy)로 여겨질 수 있지만, 말 역시 일종의 글에 불과한 것이라고 주장한다. 흔히 우리는 결국 말이 의식(意識)의 직접성을 보증하지 않는다고 생각하고 있으며, 그런 점에서 데리다는 옳은 것이다(같은 책, p.29 참조).

식은 청각이 아니라, 시각 중심적으로 급속히 전환되어 갔으며, 그 결과 서양은 책의 보급을 통하여 지식과 정보의 빠른 확산과 과학 기술의 획기적 발전을 이루고, 근대성마저 확립해서 합리성에 입각한 새로운 사회를 열었다.[14]

그런데 같은 문자를 통한 글쓰기에서도 펜이나 타자기를 이용하는 작업과 컴퓨터 작업은 전혀 다른 성격을 보여 준다. 마크 포스터는 데리다의 해체 이론을 해설하면서 펜 글쓰기와 컴퓨터 글쓰기를 이렇게 비교한다.[15]

"펜, 타자기, 인쇄기와는 달리 컴퓨터는 글의 물질적 흔적을 지워 버린다. 키보드를 통해 컴퓨터에 정보가 입력되면 인광 물질이 만드는 글자가 화면에 나타난다. 이러한 글자는 …… 언제든지 변경 가능한 것이다.

이에 비해 종이에 쓰거나 타이프라이터가 두드린 잉크 흔적은 바꾸거나 지우기가 쉽지 않다. 일단 단어가 정신적 개념에서 글자 표현으로 바뀌고 나면 그것은 자신의 형태를 고치거나 재배치하려는 저자의 시도에 저항하게 마련이며, 결국 저자에게 새로운 방식으로 저항하는 상대자로 떠오른다.

컴퓨터 글쓰기는 생각을 글자로 표현하면서도 다시 그것의 수정, 삭제를 가능하게 한다. 따라서 기록자는 그것이 공간적으로 가변적이며 시간적으로 동시적이란 의미에서 정신의 내용이나 구어와 아주 유사한 재현물과 마주하게 된다."

---

14) 김정탁, "의사 소통 구조를 넘어 텍스트로, 그리고 의식으로-하버마스에서 맥루한으로, 그리고 데리다까지", 2006년 한국사회학회 한국언론학회 특별공동학술회의 발표논문집, 2006, pp.24~25. 하지만, 인쇄 매체의 확산은 시각 일변도로서 청각을 비롯한 총체적인 감각성을 상실시켰다고 주장한다.

15) 마크 포스터 지음, 김성기 옮김, 『뉴미디어의 철학』, 민음사, 1996, pp.210~211.

부연한다면, "컴퓨터 글쓰기는 글자를 탈물질화하여 기록된 것과 글쓰는 주체를 새로운 단일체의 시뮬레이션으로 합체시키지만, 다른 한편 그것이 남기는 표시들, 그리고 플로피디스크에 담긴 파일들 속에 있는 기록자의 개인성을 교란시키기도 한다."고 주장하며 "컴퓨터 글쓰기는 집단적 저작의 새로운 가능성을 창출한다."고 보았다.[16)]

컴퓨터 글쓰기는 우리의 사유방식에도 영향을 미친다. 종이에 연필이나 펜으로 눌러 쓰는 행위는 무의식적으로 단어 하나하나에 정확한 사고와 확실한 근거를 요구하게 된다. 더욱이 띄어쓰기까지 철자법을 분명하게 따라야 하는 원고지 작성에서는 이러한 요구가 더욱 강화되고 있다.

원고지 작성은 대개의 경우 생각 또는 말이 '먼저' 진행되고 그것을 받아서 쓰는 행위가 '다음에' 오게 된다. 이 과정에서 생각 또는 말이 한 차례 걸러지면서 감각적이기보다는 이성적인 접근이 이루어지고, 문체도 자연스레 문어체로 진행된다. 그러나 컴퓨터 글쓰기는 생각 또는 말과 키보드 작업이 동시적으로 이루어진다. 당연히 문체도 구어체로 진행되고, 나아가 글 쓰는 행위가 말하기를 닮아가게 된다. 일부 학자는 이것이 전자매체의 활용을 통하여 이루어지는 총체적 감각의 회복이라고 긍정적으로 주장하기도 한다. 이처럼 컴퓨터 글쓰기는 감각이 활성화되고 말하기에서 느끼는 즉자성과 쌍방향적인 소통이 원활히 이루어지는 것을 장점으로 꼽을 수 있다.

그러나 컴퓨터 글쓰기 또는 전자책의 활용에서 문제가 되는 것은 사고의 파편성이다. 인쇄 매체는 통일성과 일관성을 요구한다. 그리고 전체적인 구도를 보여 준다. 그러나 화면책이나 전자책에서는 단편 단편의 연속적인 전개로 이루어진다. 최근 컴퓨터 글쓰기와 전통적인 펜 글쓰기가 학생들에게 미치는 영향을 연구한 결과, 컴퓨터 글쓰기는 전통적인 글쓰기

---

16) 같은 책, p.217.

에 비하여 사고하는 시간이 짧다는 사실을 밝혀낸 바 있다.[17] 더욱이 요즘에는 전통적인 글쓰기의 전형인 편지 쓰기도 거의 없어졌고, 휴대전화에서 매우 짧은 단문으로 이루어질 수밖에 없는 문자 보내기만 성행하고 있다. 이것은 논리적인 글쓰기 훈련을 할 기회가 줄어들고 있음을 의미한다. 인터넷에서 글쓰기는 글의 맞춤법을 수시로 무시하며 사고의 파편화를 재촉하고 있다.

펜이나 타자기로 작업하든, 컴퓨터를 활용하든, 모든 글쓰기는 독자와의 원활한 의사소통을 전제로 하는 것이기 때문에 논리적이고 체계적인 사유가 그 바탕이 되어야 한다고 볼 때, 사고의 파편화는 극복되어야 할 문제이다.

또한, 정보 기술이 하루가 다르게 변하는 전자 출판의 시대에 중요한 것은 글쓰기의 방식보다는 문화적 콘텐츠의 양과 질에 있을 것이다. 책의 형태나 복제 기술이 어떻게 발달하고 변화하든지 가장 중요한 것은 책에 담아야 할 내용일 것이다. 물론 그 내용은 인간의 감성과 이성에서 나온다. 그런데 정보 통신 분야가 급속하게 발달하는 가운데, 최근 문화와 산업 부문에서 감성이 중요한 화두로 등장하였다. 즉, 인터넷 공동체는 감성의 공동체이며, 기술 발달의 속도가 빨라질수록 불확실한 미래를 감각적인 꿈으로 파악하려는 경향이 있고, 문자가 이성적이라면 영상은 감성적, 직관적 감각을 요구하고 있는 것이다.[18]

그렇다면 현대에 문화적 콘텐츠를 개발하기 위한 능력은 전체적인 줄거리를 제시할 수 있는 체계적인 사고 능력과 함께 감성적, 직관적 감각이 함께 요구된다.

---

17) 신미영, 『인터넷 작문과 펜 작문의 사례 연구-중학교 2학년 학생을 중심으로』, 이화여자대학교 교육대학원 국어교육전공 석사학위논문, 2006.
18) 최혜실, "한국 문화산업 육성을 위한 이론적 토대로서의 문화콘텐츠", 『인문콘텐츠』 제3호, 2004, p.76.

5. 전자 출판 시대와 문화의 힘

　미래의 세계는 모든 산업에서 문화의 중요성이 커질 것이기 때문에, 향후 국가 경쟁력은 중국, 인도, 러시아 등 문화적 전통이 강한 나라가 유리할 것이라는 전망도 나온 바 있다. 한국 역시 개발할 수 있는 문화적 전통이 강한 나라이다.

　또한, 우리는 현대 디지털 시대에 적응력이 뛰어난 한글을 사용하고 있으며 정보 기술도 선진국에 뒤지지 않고 있다. 그러나 문화적 콘텐츠의 창조와 개발에는 그리 적극적이지 못하였다. 인터넷의 발전과 확산에 따라 전 세계가 하나의 거대한 네트워크로 연결되는 시기에, 콘텐츠의 부족은 문화적 종속 현상을 불러오기 쉽다. 문화적 콘텐츠의 창조 능력을 강화할 수 있는 방안을 다각도로 마련해야 할 것이다. 이것이 정보화 시대, 그리고 전자 출판 시대에 선진 문화 국가로 나갈 수 있는 길이다.

　우리 국민은 역사적으로 문화 선진국을 지향해 왔다. 그래서 전쟁의 와중에도 방대한 팔만대장경을 만들었으며, 금속활자를 발명하고 정부 주도로 대대적인 출판 사업을 벌인 바 있다.

　이러한 문화에 대한 애착은 백범 김구의 『나의 소원』에도 잘 드러나 있다. 김구는 한국이 부강한 나라가 아니라 가장 아름다운 나라가 되는 것을 소원으로 내세웠다. 그리고 "오직 한없이 가지고 싶은 것은 높은 문화의 힘이다. 문화의 힘은 우리 자신을 행복하게 하고, 나아가서 남에게 행복을 주겠기 때문"이라고 말했다. 그러한 문화의 힘이 바로 책의 힘이요, 독서의 힘이라고 생각한다. 이것은 필사본 시대이든, 인쇄본 시대이든, 멀티미디어와 전자 출판의 시대이든 우리가 가장 소중히 보듬어야 할 힘일 것이다.

참고 문헌

갈홍 저, 석원태 역,『신역 포박자 내편 2』, 서림문화사, 1995.
강진숙, "디지털 정보양식과 웹진",『출판@디지털커뮤니케이션』, 이진출판사, 2001.
『교회사 전집 6 : 보니파키우스 8세부터 루터까지』, 크리스챤다이제스트, 2004.
구학서 엮음,『이야기 세계사』, 청아출판사, 2001.
국립민속박물관 편저,『한국의 印章』, 삼화인쇄주식회사, 1992.
국립중앙박물관 편,『황금의 제국 페르시아』, 국립중앙박물관 문화재단, 2008.
권오갑 편,『코이네 그리스어』, 도서출판 才干, 2005.
그레이엄 톰린 지음, 이은재 옮김,『마틴 루터』, 도서출판 예경, 2006.
E. 그롤리에 저, 민병덕 역,『도서 출판의 역사』, 을유문화사, 1984.
기독교대백과사전편찬위원회 편,『기독교대백과사전』제8권, 기독교문사, 1994.
김두종,『한국고인쇄기술사』, 탐구당, 1992.
김명수, 〈존 위클리프의 성경적 신학 연구〉, 국제신학대학원대학교 신학과 (역사신학) 석사학위논문, 2003.
김상근,『세계사의 흐름을 바꾼 기독교 역사』, 평단문화사, 2004.
김성수,『無垢淨光大陀羅尼經의 硏究』, 淸州古印刷博物館, 2000.
김성수, "『직지』와 금속활자 인쇄의 가치와 중요성을 규명하기 위한 朝鮮初期 금속활자 간행도서의 주제 분석",『서지학연구』, 제28호, 2004.
김세익, "세계 출판의 역사",『세계의 출판』, 한국언론연구원, 1991.
김세익,『도서 인쇄 도서관사』, 종로서적출판주식회사, 1989.

김양수, 〈헬라어 성서 영역 과정에서 나타난 어휘 비교 연구〉, 전남대학교 교육대학원 교육학과 어학전공 영어분야 석사학위논문, 1982.

김정탁, 〈의사소통 구조를 넘어 텍스트로, 그리고 의식으로-하버마스에서 맥루한으로, 그리고 데리다까지〉, 2006년 한국사회학회 한국언론학회 특별공동학술회의 발표논문집, 2006.

김현수, 『영국사』, 대한교과서, 1997.

남윤성, "금속활자 발명국 고려와 유네스코 세계기록유산 '직지(直指)'의 인류문화사적 의미", 『중원문화논총』, 제9호, 충북대학교 중원문화연구소, 2005.

남창송 책임편집, 『중국의 세계 제일』, 연변 : 동북조선민족교육출판사, 1990.

니콜 하워드 지음, 송대범 옮김, 『책, 문명과 지식의 진화사』, 도서출판 플래닛미디어, 2007.

『대한인쇄문화협회 50년사』, 대한인쇄문화협회, 1999.

도나미 마모루 지음, 허부문·임대희 옮김, 『풍도의 길, 나라가 임금보다 소중하니』, 소나무, 2003.

董作賓, 지음, 이형구 옮김, 『갑골학 60년』, 민음사, 1993.

라키토프 지음, 이득재 옮김, 『컴퓨터혁명의 철학』, 문예출판사, 1996.

람 샤란 샤르마 지음, 이광수 옮김, 『인도고대사』, 김영사, 1994.

로렌스 레식 지음, 이주명 옮김, 『자유문화 : 인터넷시대의 창작과 저작권 문제』, 필맥, 2005.

Diana Laurenson & Alan Swingewood, The Sociology of Literature, 정혜선 역, 『문학의 사회학』, 한길사, 1988.

로제 샤르티에/굴리엘모 카발로 지음, 이종삼 옮김, 『읽는다는 것의 역사』, 한국출판마케팅연구소, 2006.

마크 포스터 지음, 김성기 옮김, 『뉴미디어의 철학』, 민음사, 1996.

P.G. 맥스웰-스튜어트 지음, 박기영 옮김, 『교황의 역사』, 갑인공방, 2005.

미야시타 시로 지음, 오정환 옮김, 『책의 도시 리옹』, 한길사, 2004.
박래식, 『이야기 독일사 : 게르만 민족에서 독일의 통일까지』, 청아출판사, 2006.
박영배, "성서 번역의 역사와 위클리프 성서", 〈어문학논총〉 제18호, 국민대학교 어문학연구소, 1999.
박유봉·채백, 『현대 출판학 원론』, 보성사, 1989.
반고지 편, 『인도의 전통과 변화』, 현음사, 1988.
방정배, 『자주적 말길이론』, 나남, 1988.
배식한, 『인터넷, 하이퍼텍스트 그리고 책의 종말』, 책세상, 2000.
백운관·부길만, 『한국출판문화변천사』, 타래, 1997.
볼프강 보이틴 외 공저, 허창운·윤세훈·홍승룡 공역, 『독일문학사』, 삼영사, 1991.
부길만, 『조선시대 방각본 출판 연구』, 서울출판미디어, 2003.
브라이언 모이너핸 지음, 김영우 옮김, 『신의 베스트셀러』, (주)황금가지, 2007.
서재행, 『공예염색기법』, 미진사, 1991.
소피 카사뉴-브루케, 최애리 옮김, 『세상은 한 권의 책이었다』, 마티, 2006.
손보기, 『금속활자와 인쇄술』, 세종대왕기념사업회, 1977.
솔라 풀 저, 원우현 역, 『자유 언론의 테크놀로지』, 전예원, 1986.
슈테판 츠바이크 지음, 정민영 옮김, 『슈테판 츠바이크의 에라스무스 : 위대한 인문주의자의 승리와 비극』, 자작나무, 1997.
신미영, 〈인터넷 작문과 펜 작문의 사례 연구-중학교 2학년 학생을 중심으로〉, 이화여자대학교 교육대학원 국어교육전공 석사학위논문, 2006.
E. L. 아이젠슈타인 원저, 전영표 옮김, 『인쇄 출판문화의 원류』, 법경출판사, 1991.
안춘근, 『출판개론』, 을유문화사, 1963.
안춘근, 『한국출판문화사대요』, 청림출판, 1987.

앙드레 모로아 지음, 신용석 옮김, 『영국사』, 기린원, 1999.
어빙 팽 지음, 심길중 옮김, 『매스커뮤니케이션의 역사』, 한울, 2002.
에스까르삐 저, 임문영 역, 『책의 혁명』, 보성사, 1985.
吳浩坤·潘悠 지음, 양동숙 옮김, 『중국갑골사』, 동문선, 2002.
Ian Watt, The Rise of Novel, 전철민 옮김, 『소설의 발생』, 열린책들, 1988.
H. G. Wells, A Short Histoy of the World, 지명관 역, 『세계문화소사』, 을유문화사, 1992.
월리스턴 워커 외 지음, 송인설 옮김, 『기독교회사』, 크리스챤다이제스트, 2004.
유네스코 편, 백승길·박관희 역, 『저작권이란 무엇인가』, 보성사, 1983.
유성덕, "John Bunyan의 작품에 나타난 흠정역 성경의 영향", 『논문집』 제6호, 총신대학교, 1987.
유탁일, 『한국 문헌학 연구』, 아세아문화사, 1989.
이광주, 『유럽 사회-풍속 산책』, 까치, 1993.
이기성, 『개정판 전자 출판-4』, 서울출판미디어, 2002.
이성무, 『조선왕조실록 어떤 책인가』, 동방미디어, 2000.
이성우, "인류 의식의 변화와 성서 연구 방법론의 연관성", 〈인간연구〉 제7호, 가톨릭대학교 인간학연구소, 2004.
이운허 외 옮김, 『한글 대장경 무구정광대다라니경 외』, 동국대학교 부설 동국역경원, 2001.
이정이, 〈권력과 문화가 성경번역에 미친 영향〉, 계명대 국제학대학원 영어 통·번역 전공, 2004.
이혜은, 〈조선조 문헌의 발행부수와 보급에 관한 연구〉, 숙명여자대학교 문헌정보학과 도서관학 전공 석사학위논문, 1996.
이희재, "「백운화상초록직지심체요절」과 조선 초기 활자 인쇄 문화", 『서지학연구』, 제28호, 2004.
장병주, 『과학과 기술의 역사』, 동명사, 1991.

전상운, 『한국과학기술사』, 정음사, 1976.
전영표, 『정보사회와 저작권』, 법경출판사, 1993.
錢存訓 저, 김윤자 역, 『中國古代書史』, 동문선, 1990.
정보사회학회 편, 『정보사회의 이해』, 나남출판, 2001.
정필모 · 오동근 공저, 『도서관문화사』, 구미무역출판부, 1991.
조르주 장, 이종인 역, 『문자의 역사』, 시공사, 2001.
조형진, "중국 활자인쇄기술의 발명배경과 맹아기의 발전", 『서지학연구』, 제13호, 1997.
존 맨 지음, 남경태 옮김, 『구텐베르크혁명』, 예지, 2003.
津野海太郎, "디지털 시대의 책과 독서", 〈한국출판포럼 2004 자료집〉, 출판유통진흥원, 2005.
찰스 허커 지음, 박지훈 · 이명화 공역, 『중국문화사』, 한길사, 1985.
채새미, "도전과 탐험 그리고 발견의 미학-하이퍼텍스트와 문학의 변화", 〈태릉어문연구〉 제12집, 2005.
천혜봉, 『나려인쇄술의 연구』, 경인문화사, 1980.
천혜봉, 『한국금속활자본』, 범우사, 1993.
천혜봉, 『한국서지학』, 민음사, 1991.
천혜봉, 『한국전적인쇄사』, 범우사, 1990.
청주고인쇄박물관 편저, 『너나들이 직지』, 도서출판 직지, 2002.
청주고인쇄박물관 편저, 『조선 초기 금속활자 특별전』, 청주고인쇄박물관, 2003.
청주고인쇄박물관 편저, 『한국 고활자 특별전』, 도서출판 직지, 2002.
최영호, "화엄종계열 승려의 강화경판 고려대장경 각성사업 참여", 〈부산사학〉 제29호, 1995.
최혜실, "디지털 서사(e-narrative)의 현황과 전망", ≪계간 사상≫, 2001년 봄호.
최혜실, "한국 문화산업 육성을 위한 이론적 토대로서의 문화콘텐츠", 〈인문콘텐츠〉 제3호, 2004.
T. F. 카터 원저, L. C. 구드리히 개정, 강순애·송일기 공역, 『인쇄문화사』, 아세아문화사, 1995.
크리스 하먼 지음, 천경록 옮김, 『민중의 세계사』, 도서출판 책갈피, 2004.
크리스토퍼 드 하멜 지음, 이종인 옮김, 『성서의 역사』, 미메시스, 2006.
페넬로페 도이치 지음, 변성찬 옮김, 『HOW TO READ 데리다』, 웅진씽크빅, 2007.
폴 존슨 지음, 김주한 옮김, 『2천년 동안의 정신 II : 기독교의 역사-유럽의 문명을 만들다』, 살림출판사, 2005.
피에르마르크 드 비아지 지음, 권명희 옮김, 『종이 - 일상의 놀라운 사건』, 시공사, 2006.
A. 하우저 저, 백낙청 역, 『문학과 예술의 사회사 - 고대·중세 편』, 창작과비평사, 1977.
A. 하우저, 염무웅·반성완 공역, 『문학과 예술의 사회사』, 근세편 하, 창작과비평사, 1981.
『한국민족문화대백과사전』, 한국정신문화연구원, 1999.
한국언론학회·한국사회학회 엮음, 『정보화시대의 미디어와 문화』, 세계사, 1998.
한스 요아힘 그립 지음, 노선정 옮김, 『읽기와 지식의 감추어진 역사』, 이른아침, 2006.
한승헌, 『저작권의 법제와 실무』, 삼민사, 1988.
허인섭, "고려대장경 남북 번역 용례 연구를 통해 본 우리말 통일 대장경의 미래 모습", 〈인문과학연구〉 제9집, 덕성여자대학교 인문과학연구소, 2005.
헨리 페트로스키 지음, 정영목 옮김, 『서가에 꽂힌 책』, 지호, 2001.
황민선, "도서의 디지털화에 따른 독서 양식의 변화 연구", 〈한국출판학연구〉, 제44호, 2002.

Hugo Moser 저, 허발·이덕호 공역, 『독일어사』, 고려대학교 출판부, 1972.

Albertine Gaur, *A History of Writing*, London: The British Library, 1984.

Aloys Ruppel, *Johannes Gutenberg: sein Leben und sein Werk*, Berlin: Verlag Gebr. Mann, 1939.

Arthur M. Hind, *An Introduction to a History of Woodcut with a detailed survey of work done in the fifteenth century*, Lodon: Constable and Company Ltd., 1935.

Carl Lindahl, John McNamara, John Lindow(ed.), *Medieval Folklore: An Encyclopedia of Myths, Legends, Tales, Beliefs, and Customs*, California: ABC-CLIO, 2000.

Colin Clair, *A History of Printing in Britain*, New York: Oxford University Press, 1966.

Douglas C. McMurtrie, The Book: *The Story of Printing & Bookmaking*, New York: Oxford University Press, 1957.

Elmer D. Johnson, *Communication-An introduction to the history of the alphabet, writing, printing, books and libraries*, New York: The Scarecrow Press, Inc., 1960.

H. G. Wells, *The Outline of History*, London: Cassel & Company Ltd., 1956.

Helmut Presser, *Johannes Getenberg*, Reinbek bei Hamburg, Rowohlt Taschenbuch Verlag GmbH, 1979.

John Clyde Oswald, "*From William Caslon to William Morris*", Reader in the history of books and printing, Englewood: Information Handling Service, 1980.

John F. A. Sawyer & J. M. Y. Simpson(ed.), *Concise Encyclopedia of Language and Religion*, Oxford: Elsevier Science Ltd., 2001.

Karl Schottenloher, *Book and the Western World*(tr. by William D. Boyd and Irmgard H. Wolfe), Jefferson, North Carolina, McFarland &

Company Inc., 1989.

Maggs Bros, Incunabula: Books of the Fifteenth Century from the Presses of One Hundred Towns, Part 1, London, 1930.

Merritt Way Hayne, *The Student's History of Printing*, New York: McGraw-Hill Book Company, Inc., 1930.

Museum, Mainz: Gutenberg-Museum, 1990.

Per Gedin, *Literature in Marketplace*, London: Faber and Faber Limited, 1982.

Peter Golding, *The Mass Media*, London: Longman Group Limited, 1974.

R. E. Wolseley & L. R. Campbell, *Exploring Journalism*, Englewood Cliffs, N. J., Prentice-Hall Inc., 1957.

S. H. Steinberg, *Die Schwarze Kunst* : 500 Jahre Buchdruck (übersetzt von Johann Jakob Hässlin), München: Prestel Verlag, 1958.

S. L. Greenslade, F. B. A.(ed.), *The Cambridge History of The Bible*, New York: The Press Syndicate of the University of Cambridge, 1988.

Schrift Druck Buch Im Gutenberg-Museum, Mainz: Verlag Philipp von Zabern, 1992.

Siva Vaidhyanathan, Copyrights and Copywrongs: *The Rise of Intellectual Property and How It Threatens Creativity*, New York and London: New York University Press, 2001.

Svend Dahl, *History of the Book*, Metuchen, N. J.: The Scarecrow Press, Inc., 1968.

Thomas Francis Carter, *The Invention of Printing in China and its Spread Westward*, New York: Columbia University Press, 1925.

張秀民,『中國印刷史』, 上海：上海人民出版社, 1989.

箕輪成男,『'國際コミュニケーション'としての出版』, 東京：日本エディタ

　　　　ースクール出版部, 1993.

藤枝晃,『文字の文化史』, 東京: 岩波書店, 1992.

小宮英俊,『紙の文化誌』, 東京: 丸善株式會社, 1992.

庄司淺水,『本の五千年史』, 東京: 東京書籍株式會社, 1989.

庄司淺水,『印刷文化史』, (庄司淺水著作集 第五卷), 東京: 出版 ニュース社, 1980.

川田順造,『無文字社會の歷史』, 東京: 岩波書店, 1990.

清水一嘉,『イギリス文藝出版史』, 東京: 日本エディタースクール出版部, 1994.

出口保夫,『イギリス文藝出版史』, 東京: 研究社出版株式會社, 1986.

香內三郎,『活字文化の誕生』, 晶文社, 1982.

戶叶勝也,『ヨーロッパの出版文化史』, 東京: 朗文堂, 2004.

Rolf Engelsing, 中川勇治 譯,『文盲と讀書の社會史』, 東京: KIC思索社, 1985.

John Feather, A History of British Publishing, 箕輪成男, 譯,『イギリス出版史』, 東京: 玉川大學出版部, 1991.

찾아보기

【ㄱ】

가족 소설 ·················· 158
가톨릭 ······ 68, 103, 119, 128, 130, 146, 147
갈홍(葛洪) ·················· 36
갑골 ················ 13, 14, 15
갑골문자 ··················· 14, 15
갑인자 ········ 90, 91, 95, 97, 98
강감찬 ······················ 58
강론집 ······················ 119
개성석경 ················ 53, 54
개원사본(開元寺本) 대장경 ····· 57
개혁 공의회 ················ 123
개혁 사상 ······· 120, 122, 124, 137, 140
거란 ················ 58, 59, 60, 62
검열 ·················· 119, 168
검열법 ······················ 168
겐스플라이슈(Furiele Gensfleisch Zur Laden) ·················· 100
경덕왕 ······················ 31

경사자서(經史子書) ············ 83
경연 ··················· 93, 94
경자자 ··············· 91, 93, 95
경장(經藏) ··················· 57
景閑 ························ 80
계몽 사상 ··················· 117
계미자 ····· 86, 89, 90, 91, 92, 93, 95, 98
계행 ························ 75
고구려 ················ 11, 15, 36
고대 로마 제국 ··············· 128
고딕 역 성서 ················ 135
고딕체 ······················ 97
고려 ····· 11, 15, 57, 58, 61, 63, 75, 82, 84, 85, 86, 87
고려대장경 ············ 61, 64, 82
고려대장경연구소 ·············· 64
고려대장경판전 ··············· 64
고려사 ················ 63, 82, 83
고려사절요(高麗史節要) ········ 96
고려 종이 ···················· 11
고선지 ······················ 11

고아 ·· 109
고전 문화 ··· 66
고종 ··· 61, 83
공공의 영역 ····································· 175
공동번역 성서 ································· 132
공연권 ·· 170
공자 ·· 19, 24
공정한 이용 ····································· 176
공포 소설 ··· 158
과거 시험 ·· 94
과학 기술 서적 ································· 96
과학 서적 ··· 113
官印 ·· 46
관판본 ··· 98
광개토왕릉비 ···································· 15
교과서 ··· 13
고니활자 ·································· 73, 74, 78
교육 서적 ·· 69
교장도감 ·· 60
교정쇄 ·· 169
교화 서적 ·· 29
교황 ············ 68, 120, 121, 122, 123,
                124, 133, 136, 144, 147
교황 제도 ··· 133
교황청 ····· 120, 121, 122, 136, 140,
                144
교회 법전 ··· 124
구경(九經) ·· 53
구경서(九經書) ······························· 54

구경자양(九經字樣) ······················· 54
95개조 반박문 ································ 120
95개조 반박문 사건 ···················· 123
구약 ··· 128
구약성서 ··· 17, 124, 134, 143, 145,
                151
구어체 그리스어 ··························· 128
구어체 영어 ··························· 141, 143
9월 성서 ··· 132
구텐베르크 ······· 24, 30, 55, 69, 73,
    99, 100, 101, 103, 104, 105, 106,
    107, 108, 109, 110, 111, 112, 125,
                133, 142, 155, 179, 184
국새 ·· 36
국왕 수장령 ···································· 144
국제문예가협회 ····························· 171
국조보감 ·· 96
군사학 서적 ······································· 95
권근(權近) ·· 86
권자본 ································· 47, 51, 56
귀주대첩 ·· 58
그리스 ············· 20, 22, 66, 166, 184
그리스도 ··· 130
그리스도를 본받아 ······················ 113
그리스 로마 ······································ 38
그리스 로마 문화 ·························· 27
그리스 로마 시대 ·························· 27
그리스 문학 ······································· 24
그리스어 ··· 21, 112, 128, 130, 132,

141, 148, 150, 184
그리스어 신약성서 ·················· 130
그리스어 텍스트 ··················· 132
그리스인 ···························· 20
그린 ································ 150
근사록집해 ························· 96
글로스터셔 ······················· 141
글쓰기 ························ 184, 185
금강경 ······················ 16, 47, 48
금강반야바라밀경(金剛般若波羅
　蜜經) ···························· 47
금경경 ······························ 49
금나라 ······························ 84
금서 ······························· 168
금석문 ························· 16, 46
금속 주화 ··························· 85
금속활자 ····· 72, 75, 78, 80, 82, 83,
　84, 85, 86, 87, 88, 89, 90, 93, 99,
　100, 108, 188
금속활자본 ························· 98
금속활자 인쇄 ················· 77, 83
금속활자 인쇄물 ··············· 79, 81
금속활자 주조 방법 ················ 88
금판 불교경전 ······················ 16
기계 혁명 ·························· 154
길드 ······························· 119
김구 ······························· 188
김대성 ······························ 50
김부식 ······························ 25

깃털 펜 ···························· 28

【ㄴ】

나라(奈良) ························· 51
나의 소원 ·························· 188
나이턴 ···························· 137
날염 ······················· 32, 37, 39
날염 기술 ·························· 38
날염법 ····························· 38
남급 ······························· 90
남명천화상송증도가 ········· 82, 83
납 주조 방식 ······················· 88
네덜란드어 ······················· 112
네덜란드어 신약성서 ··········· 135
네트워크형 출판 ················· 180
노걸대 ························ 94, 95
노드 ······························· 182
노아의 홍수 ························ 17
노자 ··························· 24, 93
노자권재구의(老子　齋口義) ·· 93
녹스 ······························· 146
논어집주(論語集註) ··············· 78
논어집주대전 ······················ 93
논장(論藏) ························· 57
농경 사회 ························· 178
농서 ······················ 75, 76, 98
농업 사회 ························· 178

뉘른베르크 ······················· 67
니체 ······························ 132
니콜라스 ························· 136

【ㄷ】

다니엘 벨 ······················ 179
다라니 ······················ 50, 52
다라니경 ················ 49, 50, 51
다이스만(D. Deissmann) ······ 128
닥종이 ···························· 45
단테 ························ 24, 29, 67
담징 ······························· 11
당나라 ······· 11, 40, 47, 48, 49, 52,
       53, 54, 55, 56, 60
당률소의(唐律疏義) ············· 94
당시고취(唐詩鼓吹) ············· 96
대방광불화엄경 ·················· 31
대성서 ··········· 145, 146, 147, 149
대승기신론소(大乘起信論疏) ··· 97
대장경 ········ 56, 57, 58, 59, 60, 61,
       62, 63, 64
대장경 경판 ····················· 63
대장경 주석서 ··················· 60
대장경판당 ······················· 63
대중 독자 ························ 164
대중 정보 체계 ·················· 179
대학 ······························· 29

대학연의 ····················· 92, 96
데리다 ······················ 184, 185
데이터베이스 ··············· 182, 183
데카메론 ·························· 24
덴마크어 성서 ·················· 135
도가(道家) 서적 ·················· 93
도교 경전 ························· 41
도나투스 ···················· 103, 112
도나투스 칼렌더(Donatus
  Kalender) ···················· 103
도덕경 ····························· 41
도서 대여 ···················· 162, 163
도서 대여 제도 ·················· 162
도서 대여 협회 ·················· 162
도서 시장 ························ 157
도서 행상인 ····················· 121
도선 ······························· 49
도장 ······················ 35, 36, 37, 46
도장 문화 ························· 35
도활자(陶活字) ··················· 78
독서 ······························· 13
독서 대중 ························ 161
독서술 ···························· 13
독서 인구 ···················· 159, 160
독서층 ··························· 171
독일어 ········ 29, 112, 122, 128, 132
독일어 번역 성경 ················ 124
독일어 성서 ················ 130, 135
독일어 신약성경(das neue

testament deutsch) ⋯⋯⋯⋯ 132
독일어역 신약성서 ⋯⋯⋯⋯⋯ 132
독일의 기독교 귀족에게
　고함 ⋯⋯⋯⋯⋯⋯⋯⋯⋯⋯ 122
독자 ⋯⋯⋯⋯⋯⋯⋯⋯⋯⋯⋯ 157
독자층 ⋯⋯ 118, 159, 160, 161, 163
돈황 석굴 ⋯⋯⋯⋯⋯⋯ 48, 49, 76
동국세년가(東國世年歌) ⋯⋯⋯ 96
동국이상국집(東國李相國集) ⋯ 82
동국지지(東國地誌) ⋯⋯⋯⋯⋯ 97
동국통감(東國通鑑) ⋯⋯⋯⋯⋯ 96
동대사 ⋯⋯⋯⋯⋯⋯⋯⋯⋯⋯ 52
동래선생교정북사상절(東萊先生校
　正北史詳節) ⋯⋯⋯⋯⋯⋯⋯ 92
동문선(東文選) ⋯⋯⋯⋯⋯⋯⋯ 96
동아시아 ⋯⋯⋯⋯⋯⋯⋯⋯⋯ 44
동인(銅印) ⋯⋯⋯⋯⋯⋯⋯⋯ 36
동일성 유지권 ⋯⋯⋯⋯⋯⋯ 166
동점사본(東漸寺本) 대장경 ⋯⋯ 57
동활자 ⋯⋯⋯⋯⋯⋯⋯⋯⋯⋯ 87
두루마리 책 ⋯⋯⋯⋯⋯⋯⋯⋯ 21
두보 ⋯⋯⋯⋯⋯⋯⋯⋯⋯⋯⋯ 49
드라이든 ⋯⋯⋯⋯⋯⋯⋯⋯ 167
디도 ⋯⋯⋯⋯⋯⋯⋯⋯⋯⋯ 156
디스켓 ⋯⋯⋯⋯⋯⋯⋯⋯⋯⋯ 24
디스크책 전자 출판 ⋯⋯⋯⋯ 180
디즈니 ⋯⋯⋯⋯⋯⋯⋯ 173, 175
디지털 시대 ⋯⋯⋯⋯⋯⋯⋯ 188
디지털 정보 양식 ⋯⋯⋯⋯⋯ 180

D-K체 ⋯⋯⋯⋯⋯⋯⋯⋯⋯⋯ 103
디킨스 ⋯⋯⋯⋯⋯⋯⋯⋯⋯⋯ 172
DTP ⋯⋯⋯⋯⋯⋯⋯⋯⋯⋯ 178
디포 ⋯⋯⋯⋯⋯⋯⋯⋯⋯⋯⋯ 159

【ㄹ】

라키토프 ⋯⋯⋯⋯⋯⋯⋯⋯⋯ 179
라틴 문법책 ⋯⋯⋯⋯⋯⋯⋯⋯ 65
라틴어 ⋯⋯⋯ 68, 103, 110, 112, 120,
　128, 129, 132, 136, 137, 139, 140,
　　141, 142, 151, 169
라틴어 성서 ⋯⋯⋯⋯⋯ 28, 128, 129
램 ⋯⋯⋯⋯⋯⋯⋯⋯⋯⋯⋯ 172
런던 ⋯⋯⋯⋯ 109, 112, 141, 161, 162
런던 서적 출판 협회 ⋯⋯⋯⋯ 168
레오 10세 ⋯⋯⋯⋯⋯⋯⋯ 120, 123
레이놀즈 ⋯⋯⋯⋯⋯⋯⋯⋯ 148
로고스 ⋯⋯⋯⋯⋯⋯⋯⋯⋯ 184
로마 ⋯⋯ 27, 66, 103, 109, 151, 166
로마 제국 ⋯⋯⋯⋯⋯⋯⋯ 27, 128
로마 제국 시대 ⋯⋯⋯⋯⋯⋯ 128
로빈슨 크루소 ⋯⋯⋯⋯⋯⋯ 158
로저스 ⋯⋯⋯⋯⋯⋯⋯⋯⋯ 145
롤라즈 ⋯⋯⋯⋯⋯⋯ 137, 139, 141
롱맨 ⋯⋯⋯⋯⋯⋯⋯⋯⋯⋯ 164
루뱅 ⋯⋯⋯⋯⋯⋯⋯⋯⋯⋯ 124
루터(마르틴 루터) ⋯⋯⋯⋯ 120, 121,

122, 123, 124, 128, 129, 130, 131, 132, 133, 135, 137, 140, 141, 144
루터 성서 ················ 130, 132, 134
르네상스 ········ 24, 55, 66, 100, 109
리스본 ································ 109
리에주 ································ 124
리옹 ··························· 109, 115
리처드 태버너 ······················ 145
링크 ·································· 182

【ㅁ】

마누티우스 ·························· 174
마이크로소프트 ············ 173, 175
마인츠 ······ 102, 103, 107, 109, 162
마크 포스터 ························· 185
마틴 루터(루터) ······ 120, 121, 122, 123, 124, 128, 129, 130, 131, 132, 133, 135, 137, 140, 141, 144
말씀 ·································· 184
매튜 성서 ···················· 145, 149
맥루한 ······························· 184
맹자 ···································· 24
멀티미디어 ············ 180, 181, 188
메리 ·································· 146
메리 여왕 ···························· 147
메소포타미아 ········ 16, 33, 34, 73
멜란히톤 ···························· 132

면죄부 ········ 68, 103, 120, 121, 136
면허법 ································ 168
명나라 ································· 55
모리스 꾸랑(Maurice Courant) ···· 79
모세 5경 ····························· 143
모스크바 ···························· 109
목독 ··································· 17
목제 인쇄기 ························ 155
목판 ······ 44, 45, 51, 54, 65, 69, 72, 76, 80, 83, 89
목판본 ············ 48, 49, 65, 80, 87
목판 성화 ···························· 68
목판 인쇄 ······· 32, 39, 44, 47, 48, 49, 52, 53, 55, 56, 65, 66, 67, 68, 69, 72, 75, 84, 85, 98
목판 인쇄 도서 ······················ 93
목판 인쇄물 ················ 47, 50, 67
목판 인쇄본 ······················ 49, 69
목판 인쇄술 ······ 24, 25, 41, 44, 46, 49, 55, 61, 65
목판 판각 기술 ······················ 59
목판화 ······················· 133, 134
목활자 ···················· 75, 76, 77, 78
목활자 인쇄 ·························· 75
목활자 인쇄법 ······················· 75
몽계필담 ······················· 73, 74
몽골 ···························· 61, 62, 83
몽골군 ································· 60
묘법연화경 ··························· 97

무구정광대다라니경 ····· 49, 50, 52
문무왕 ································· 36
문법서 ······························· 103
문예 부흥 ······················ 55, 66
문예 부흥기 ························ 66
문자 해득 인구 ················ 159
문학서 ··························· 51, 94
문학 서적 ························· 113
미라 ···································· 20
민무질(閔無疾) ··················· 87
민요집 ······························ 161
민족주의 ··························· 120
민중본(民衆本) ················ 118
밀납 주조 방식 ··················· 88
밀납 활자 ··························· 88
밀턴 ································· 167

【ㅂ】

바가지 활자 ······················· 78
바그다드 ····························· 11
바르트부르크 ············· 129, 132
바르트부르크 성 ··············· 124
바빌로니아 ···················· 17, 34
바스커빌 ··························· 156
바이런 ······················· 158, 163
바젤 ································· 109
박석명(朴錫命) ··················· 87

박통사 ··························· 94, 95
반누 ···································· 38
반박문 ····················· 120, 121, 122
반사 ···································· 98
반사(頒賜)제도 ··················· 98
발렌시아 ··························· 109
방각본 ······························ 163
백과사전 ···················· 24, 180
백년 전쟁 ··················· 136, 140
백만탑다라니 ············ 49, 51, 52
백운화상 ···························· 80
백운화상초록 불조직지심체요절
  (白雲和尙抄錄 佛祖直指心體
  要節) ······························· 78
번역에 대한 공개서한 ········ 131
범한다라니 ························ 10
법륭사 ··························· 51, 52
법장 ································· 49
법화경 ······························· 97
베니스 ························ 67, 174
베르델스만 ······················· 164
베른협약 ·························· 171
베스트셀러 ················ 113, 163
병서 ································· 83
병자호란 ··························· 117
보도니 ······························ 156
보름스 ······························ 142
보살상 ································ 31
보카치오 ···························· 24

보헤미아 ·················· 140
볼로냐(Bologna) ··········· 115
부르주아 ············· 29, 157
부르주아지 ······ 110, 120, 161
부인사 ······················ 59
부적 ························ 37
부처 ························ 31
북사(北史) ················· 96
북송(北宋) ················· 73
북송 시대 ··················· 47
북 아트 ····················· 32
북원(北元) ················· 80
분류보주이태백시(分類補註李太白詩) ······················· 96
분서 사건 ··················· 19
불가타 성서 ···· 128, 130, 135, 136, 141, 151
불갑사(佛甲寺) ············· 80
불경 ························ 25
불교 ······ 49, 51, 56, 59, 86, 87, 97
불교 경전 ····· 11, 39, 41, 47, 48, 49
불교 서적 ·············· 56, 61
불교의 생활화 ··············· 52
불국사 ················· 49, 50
불상 ··················· 39, 61
불인(佛印) ················· 51
불조직지심체요절(佛祖直指心體要節) ······················ 77
붓 ················ 17, 20, 39

브란트(Sebastian Brant) ······ 114
브뤼셀 ···················· 109
브리태니커 ················· 164
비블로스(byblos) ············ 20
비블루스 ··················· 21
비블리온(biblion) ············ 20
비숍 성서 ············· 147, 149
비종이책 전자 출판 ·········· 180
비텐베르크 ···· 123, 124, 132, 141
비텐베르크 대학교 ··········· 125
비텐베르크 성 교회 ·········· 120
비텐베르크 인쇄소 ··········· 124
빅토르 위고 ················· 171
빈 ························ 109
빌보르데 ··················· 143

【ㅅ】

사경 ························ 31
사기 ···················· 24, 94
사라센 ······················ 11
사마광(司馬光) ·········· 55, 94
사마르칸트 ·················· 11
사마천 ················· 24, 94
사서오경 ···················· 93
42행 성서 ········· 103, 104, 107
48행 성서 ·················· 112
私印 ························ 47

사자(死者)의 서(書) 21
사천왕사 52
산업 사회 178, 179
산업혁명 157, 160, 164, 178
산업화 159
삼국사기 25, 36
삼국유사 25
삼국지 10, 24
삼봉집 82, 83
30년전쟁 155
35행 도나투스 112
36행 성서(일명 피스터 성서) ... 103
삼자석경(三字石經) 54
삼한시구감(三韓詩句鑑) 96
삽화 12, 28, 133, 163
상감 45
상(商)나라 36
상정예문 83
상품 화폐 경제 178
상하이 109
상한유서(傷寒類書) 94
상형문자 15
샤를마뉴 28
서경 19
서로마 제국 27
서원 98
서유기 24
서적상 115, 116, 175
서적상 조합 175

서적 소매상 116
서적 시장 115, 118
서적업 조합 167
서적원 83
서적원 제도 86
서적 인쇄 87
서적 인쇄 사업 87
서적 출판 협회 168
서적 행상인 117
서적포(書籍鋪) 83
석가탑 50
석경 41, 54
석보상절(釋譜詳節) 97
설교집 113, 114
설형문자 16
성경 20, 23, 24, 55, 69, 104,
                                130, 137
성균관 98
성서 13, 28, 105, 106, 110, 117,
     118, 122, 128, 133, 134, 135, 136,
     139, 140, 141, 142, 144, 146, 151,
                                166, 184
성서공회 151
성서관 131
성서 번역 124, 132, 135, 136,
                           140, 141, 144
성서 번역 원칙 131
성서 인쇄 사업 103
성인(聖人)의 초상화 67

성 크리스토퍼 ·········· 68
성현(成俔) ············ 88
성화 ············· 65, 68
세계기록유산 ·········· 81
세계 도서의 해 ········· 79
세계 문화유산 ·········· 64
세계 심판의 단편 ······· 103
세계 저작권 조약 ······· 171
세네카 ·············· 27
세밀화 ·············· 29
세밀화가 ············· 29
세소트리스 1세 ········· 15
세종 ······· 90, 93, 95, 97, 99
세종실록 ············· 90
세종조 ·············· 97
세책 ············ 162, 163
세책업 ············· 163
셰익스피어 ····· 124, 146, 150, 167
소논문 책자 ·········· 119
소매 서점 ··········· 163
소설 ············ 160, 161
소설가 ············· 162
소설책 ··········· 25, 163
소아시아 ············ 128
소학대문토(小學大文吐) ···· 93
속장경 ········· 57, 60, 61
송나라 ······ 52, 55, 56, 57, 58, 59,
              60, 62, 84, 94
송본 관판 ············ 57

송조명현오백가파방대전문수(宋朝
    名賢五百家播芳大全文粹) ···· 94
쇼퍼 ········· 105, 107, 112
수기법사(守其法師) ······· 62
수나라 ········· 40, 47, 60
수도사 ··········· 28, 29
수도원 ······· 28, 115, 119, 124
수도원장 ············ 119
수렵 채취 시대 ········ 178
수보리 ·············· 48
수양대군 ············ 97
수호지 ·············· 24
순회 도서관 ·········· 162
숭유배불주의(崇儒排佛主義) ··· 86
슈트라스부르크 ····· 100, 101, 102,
              109, 113
스웨덴어 성서 ········· 135
스콧 ············ 158, 163
스탠호프 ············ 155
스테인(Aurel Stein) ······· 48
스톡홀름 ············ 109
스페인 ············ 11, 12
스페인어 ············ 112
스페인어 성서 ········· 135
슬라브어 ············ 112
시경 ··············· 19
시드니 ············· 109
CD ················ 24
시민혁명 ············ 173

시전대전 ·································· 96
식자공 ···································· 12
신간보주석문황제내경소문(新刊補
　註釋文黃帝內經素問) ·········· 97
신간역거삼장문선대책(新刊歷擧三
　場文選對策) ························ 94
신곡 ······································· 24
신대왕 ···································· 36
신라 ···················· 10, 15, 31, 36, 60
신륵사 ···································· 63
신수 ······································· 49
신앙 서적 ································ 29
신앙의 수호자 ························ 144
신약 ···································· 128
신약성서 ··········· 124, 130, 132, 133,
　　　　　　　134, 142, 143, 151, 184
신인상정예문 ··························· 82
신전결과고금원류지론(新箋決科古
　今原流至論) ························ 95
신편제종교장총록 ················ 60, 61
신학서 ···································· 29
실록(조선왕조실록) ····· 25, 87, 92,
　　　　　　　　　　94, 95, 98
실린더식 인쇄기 ···················· 155
실용서 ···································· 93
실용 서적 ···························· 94, 97
심괄 ·································· 73, 74
십자군 ···································· 65
십자군 원정 ···························· 66

십칠사찬고금통요(十七史纂古今
　通要) ································ 92

【ㅇ】

아라비아 ································· 11
아라비아인 ····························· 11
아리스토텔레스 ················· 24, 114
아비뇽 ·································· 136
아세트 ································· 164
아시리아 ································ 17
아시아 ··································· 11
아우로갈루스 ························ 134
아이스레벤 ··························· 124
아이슬란드어 성서 ················ 135
아이젠슈타인 ························ 121
아잔타 석굴 ···························· 38
아케메네스 왕조 ····················· 85
아테네 ···························· 27, 128
아프리카 ································ 11
악보집 ································· 113
알렉산더 대왕 ······················ 128
알렉산더 듀마 ······················ 171
알렉산드리아 ····················· 22, 27
알렉산드리아 도서관 ··············· 22
압인법 ·························· 32, 33, 51
압착기 ································· 108
앤여왕법 ········· 166, 167, 168, 170,

175, 176	영어 ················· 112, 139, 150
앤트워프 ······················· 124	영어 개역 성서 ················· 150
앵글로색슨어 ················· 142	영어 성서 ······ 135, 137, 139, 140,
앵글로색슨 역 성서 ··········· 135	143, 144, 147, 149
양고(楊古) ······················· 74	영조 ······························· 78
양촌집(陽村集) ··················· 86	예기천견록(禮記淺見錄) ········ 92
양피지 ······· 11, 12, 19, 22, 23, 25,	예배서 ···························· 29
26, 28	예약 구독 제도 ················· 157
양피지본 ······················· 23, 107	오(吳) ···························· 54
양피지 책 ························· 23	오경문서(五經文書) ············· 54
양피지 책자본 ···················· 23	오대 시대 ························ 47
어학서 ·························· 180	5대 10국 ························· 56
에드워드 6세 ··················· 146	5대 10국 시대 ················· 52, 54
에라스무스 ····· 130, 131, 132, 137,	오도자 ···························· 49
141	오락물 ·························· 161
에우메네스 왕 ···················· 22	오락서 ·························· 113
FTA ···························· 176	오락 서적 ························ 29
엘리자베스 여왕 ············ 147, 148	오벨리스크 ························ 15
엘리자베스 1세 ················· 146	오성통궤(五星通軌) ·············· 96
엘트빌레 ························· 103	옥스퍼드 ················ 136, 137, 140
여사서서 ························ 162	옥스퍼드 헌법 ··············· 138, 140
여성지 ·························· 160	온라인형 출판 ··················· 180
역관 ······························ 94	왕개(王玠) ························ 47
역대세년가(歷代世年歌) ········ 96	왕영종 ···························· 57
역사서 ························· 91, 94	왕유 ······························· 49
연금술 ···························· 38	왕의영(王懿榮) ··················· 14
연복사 5층탑 ···················· 64	왕정 ······················ 75, 76, 77
염색 기술 ························ 38	요약판 ·························· 169
영문학 ·························· 139	요추(姚樞) ························ 74

요한계시록 ·················· 133
요한 슬라이단(Johann Sleidan)
   ······································ 125
용재총화(慵齋叢話) ············ 88
우대언(右代言) ················· 87
우리말 통일 대장경 ············ 64
울름(Ulm) ······················· 67
워즈워드 ························· 172
원고료 ··························· 172
원나라 ······················ 74, 75
원효 ································ 60
월시 ······························ 141
월인석보 한글자 ················ 97
월인천강지곡 ·············· 96, 97
웰즈 ································ 13
웹사이트 ························ 182
위구르 문자 ····················· 77
위클리프 ······ 135, 136, 137, 138,
             139, 140, 141
위트레히트 ····················· 109
위편삼절(韋編三絶) ············ 18
윌리엄 니콜슨 ················· 155
윌리엄 틴들(틴들) ······· 135, 140,
           141, 142, 143, 144, 145
유가사상(儒家思想) ············ 93
유교 ································ 86
유교 경전 ············ 25, 54, 56, 92
유네스코 ················ 64, 79, 81
유학 ·························· 40, 93

유학 경전 ············ 41, 53, 54, 91
유학 서적 ························· 24
유학 이념 ························· 86
육경(六經) ······················· 41
윤전기 ···························· 33
윤전 인쇄기 ····················· 33
율서 ································ 83
율장(律藏) ······················ 57
은나라 ····························· 13
의방집성 ························· 94
의상 ································ 60
의서(醫書) ······················ 94
의정 ································ 49
의천(義天) ······················ 60
의학서 ···················· 83, 94, 97
이규보(李圭報) ················· 82
이백 ································ 49
이색 ································ 63
이성계 ···························· 86
이스탄불 ························ 109
이스파한 ························ 109
이우 ·························· 53, 54
이응(李膺) ······················ 87
이직(李稷) ······················ 87
이집트 ······ 11, 15, 19, 20, 21, 22,
              24, 33, 38, 128
이집트어 ························· 20
이천 ································ 90
이탁오 ···························· 55

이탈리아어 ·············· 112
익주 ······················ 57
인더스 문명 ············ 34, 37
인더스 지방 ··············· 33
인도 ················ 24, 33, 37, 38
인도인 ····················· 38
인문주의 ············· 120, 130
인세 제도 ················ 173
인쇄공 ····················· 12
인쇄기 ··················· 103
인쇄 기술 ········· 73, 98, 99
인쇄법 ··················· 168
인쇄본 ················ 184, 188
인쇄술 ······ 12, 13, 24, 30, 44, 55,
     83, 100, 109, 110, 111, 115, 118,
            119, 122, 124, 125
인쇄업 ··················· 110
인쇄업자 ············ 118, 119
인쇄 용구 ·················· 45
인쇄용 먹물 ··············· 45
인쇄용 잉크 ·············· 108
인쇄의 기계화 ············ 164
인쇄의 싹 ·················· 32
인쇄 출판업자 ············ 118
인쇄 특권 제도 ··········· 174
인종 ·················· 73, 82
인지 ······················· 35
인큐내뷸러 ·········· 111, 114
인큐내뷸러 문헌명 목록

(incunabula Short-Title
   Catalogue, ISTC) ·········· 112
인클로저 운동 ············ 154
인판(印版) ········· 74, 75, 90
일본서기 ··················· 11
일연 ······················· 25

【ㅈ】

자국어 성서 ·············· 140
자본제적 대공업 ·········· 154
자본주의 ················· 178
자본주의적 생산 양식 ······ 154
자치통감 ··················· 94
자치통감강목(資治通鑑綱目)
 ··························· 94
자치통감강목훈의(資治通鑑綱目
   訓義) ···················· 96
작센 관청어 ·············· 132
잡지 ······················ 160
장경각 ····················· 63
장도신 ····················· 57
장안 ······················· 53
장자 ·················· 24, 93
장자권재구의(莊子口義) 齋
 ··························· 93
재조대장경 ············ 58, 61
저작권 ····· 166, 167, 168, 171, 173,

                              174, 175
저작권법 ……… 166, 168, 170, 172,
                              175, 176
저작권 보호 기간 ………………… 176
저작권 사상 …………………………… 175
저작권자 ……………………………… 35
저작권 제도 …… 166, 170, 171, 174,
                              175, 176
저지(楮紙) ……………………………… 45
전국책(戰國策) ……………………… 94
전문지 ………………………………… 160
전자대장경 …………………………… 64
전자 메일 ……………………………… 10
전자책 ………………… 180, 182, 186
전자 출판 ……… 178, 179, 184, 187,
                              188
전자 출판물 ………………………… 180
전자 통신 출판 …………………… 180
전한서(前漢書) ……………………… 96
점복(占卜) …………………………… 14
점토판 ………… 16, 17, 33, 34, 73
정도전 ………………………………… 83
정보 기술 ……… 87, 181, 187, 188
정보 사회 …………………………… 24
정보 컴퓨터 혁명 ………………… 179
정보 혁명 …………………………… 75
정보화 ………………………………… 179
정보화 사회 ………………… 178, 179
정서본 ………………………………… 45

정조 ………………………………… 162
정치학 ……………………………… 114
제가(諸家) …………………………… 83
제네바 ……………………………… 146
제네바 성서 ………… 145, 146, 147,
                              148, 149
제본공 ………………………………… 12
제생원 ………………………………… 94
제임스 1세 ………………………… 148
제자백가 …………………………… 19
제지 공장 ……………………… 11, 12
제지 기술 ……………… 11, 110, 164
조각가법 …………………………… 170
조선 ………………………… 63, 87, 94
조선왕조실록(실록) ……… 25, 87, 92,
                              94, 95, 98
조선조 ………………………… 91, 95, 98
종교개혁 ……… 68, 119, 120, 121,
       125, 128, 135, 137, 139, 140,
                              146
종교개혁가 ………… 125, 135, 137
종교개혁파 ……………………… 117
종교 경전 ……………………… 31, 166
종교서 ……………………………… 113
종교 서적 ………………… 30, 65, 113
종교 소책자 ……………………… 117
종교 통일법 ……………… 147, 150
종이 …… 10, 11, 12, 13, 17, 19, 22,
       24, 25, 26, 31, 39, 45, 110, 164

종이책 ················ 10, 23, 107
종이책 전자 출판 ·············· 180
주역 ·························· 24
주자(鑄字) ············ 77, 80, 83
주자발(鑄字跋) ················ 86
주자본 ······················· 83
주자소 ···················· 86, 87
주자 인쇄 ···················· 82
주자학 ···················· 56, 91
주희 ························· 56
죽간 ····················· 17, 35
죽간목독 ···················· 19
중국 ······ 11, 13, 35, 36, 38, 40, 41
중수대명력(重修大明曆) ········ 96
중신자교정입주부음통감외기(重新
  資校正入註附音通鑑外記) ··· 94
중앙아시아 ··················· 11
중도가 ······················· 83
지리서 ······················· 97
직지 ············· 78, 80, 81, 82, 88
직지방(直指方) ················ 94
진나라 ··················· 10, 36
진도 ························· 10
진서산독서기을집상대학
  연의 ···················· 92, 93
진시황 ···················· 19, 35
진흥왕 순수비 ················ 15
집단적 저작 ················· 186

【ㅊ】

차일드 해롤드의 편력 ·········· 158
찬도호주주례(纂圖互註周禮) ··· 92
찬송가집 ···················· 118
찬주분류두시(纂註分類杜詩) ··· 96
찰스 2세 ···················· 149
찰스 해커(Charles O. Hucker)
  ··························· 56
찰흙 활자 ···················· 73
채륜 ················· 10, 12, 47
채식화가 ···················· 29
채옹(蔡邕) ··················· 41
채제공 ······················ 162
책거간 ······················ 117
책자본 ··················· 23, 56
책판 ························· 72
1457년판 시편(詩篇) ········· 112
1458년 천문력 ················ 103
천자문 ······················ 63
천지창조 이야기 ················ 17
철제 인쇄기 ················· 155
청나라 ······················ 75
청주고인쇄박물관 ············· 81
체코어 성서 ················· 135
초기 간행본 ·············· 111, 113
초사후어(楚辭後語) ············ 94
초서 ··················· 67, 139
초조대장경 ······· 57, 58, 59, 61, 62

초주 갑인자 병용 한글자 ········ 97
촉 ···································· 54, 57
촉본 ································· 57
촉본(蜀本) 대장경 ············· 57
총제(摠制) ······················ 87
최윤의 ··························· 82
최이 ······························ 83
춘추경전집해 ··················· 96
출판권 ·························· 173
출판법 ·························· 171
출판업 ·························· 163
출판업자 ················· 168, 172
출판조례 ······················ 171
취암사(鷲嵓寺) ················ 80
칠정산내편(七政算內篇) ······ 96
칠정산외편(七政算外篇) ······ 96

【ㅋ】

카드놀이 ····················· 65, 67
카주사 ························ 109
칼라일 ························ 172
칼뱅 ··························· 146
캐서린 ························ 144
캐슬론 ························ 156
캐슬론 성서 ·················· 156
캐슬론 활자 ·················· 156
캔터베리 이야기 ············· 139

커버데일 ······················ 144
커버데일 성서 ················ 149
컴퓨터 글쓰기 ········· 185, 186
컴퓨터 디스켓 ················ 24
컴퓨터 시대 ·················· 184
케이프타운 ··················· 109
케임브리지 ······ 109, 140, 141, 156
코이네 그리스어 ············· 128
코펜하겐 ······················ 109
콘스탄츠미살(Konstanz
    Missal) ···················· 103
콘텐츠 ··················· 187, 188
쾨니히 ························ 155
쾰른 ··············· 109, 124, 142
크라나흐(Cranach) ········· 133
크랜머 ························ 145
크레머(Heinrich Cremer) ···· 107
크로스 제본 ·················· 163
크롬웰 ························ 145
킹제임스 성서 ················ 143

【ㅌ】

타이포그래피 ················· 156
타임 ··························· 100
탁본 ···················· 32, 40, 41
탁본 기술 ····················· 40
탁상 출판 ···················· 178

탈라스 전쟁 ·················· 11
탈산업 사회 ················ 179
탑인(塔印) ···················· 51
태국 ···························· 38
태버너 성서 ················ 145
태양의 신 ···················· 15
태양통궤(太陽通軌) ·········· 96
태조 ···························· 63
태종 ················ 48, 86, 87, 92
텍스트 ·········· 12, 69, 118, 130
토마스 매튜 ················ 145
토마스 아 켐피스(Thomas a Kempis) ···················· 113
토마스 카터 ·················· 55
토머스 아룬델 ·············· 138
통감속편 ···················· 92, 94
튜더 시대 ···················· 142
틴들(윌리엄 틴들) ········· 135, 140, 141, 142, 143, 144, 145
틴들 성서 ···················· 149

【ㅍ】

파리 ···························· 109
파문 교서 ················ 123, 124
파문장 ························ 124
파미르고원 ···················· 11
파이드로스 ·················· 184

파커 ···························· 147
파피루스 ····· 11, 13, 19, 20, 21, 22, 23, 25, 26
파피루스 책 ········· 19, 21, 23, 27
파피루스 책자본 ·············· 23
판각 ···························· 45
판각본 ························ 87
판각용 정서본 ················ 45
판권법 ························ 171
판권지 ···················· 103, 112
판화 ···················· 59, 69, 70
팔만대장경 ······ 57, 61, 63, 64, 86, 188
팔만대장경판 ················ 64
패설 ···························· 162
패트런 제도 ········ 118, 157, 172
퍼비 ···························· 136
페니키아 ······················ 20
페르가몬 왕국 ················ 22
페르디난도 ·················· 144
페르시아 ············· 11, 38, 128
페르시아 만 ·················· 38
펜 ······························ 20
펜 글쓰기 ················ 185, 186
펠리오(M. Pelliot) ············ 76
포박자 ························ 36
폴란드어 성서 ·············· 135
표음문자 ················ 75, 77
표해록(漂海錄) ················ 97

푸스트 ······ 100, 103, 105, 106, 107
푸스트와 쇠퍼 ······················ 103
푸코 ····································· 173
풍도 ······················ 53, 54, 55, 56
프랑스문예가협회 ················ 171
프랑스어 ······ 112, 139, 142, 169
프로이센 ······························ 171
프로테스탄트 ················ 119, 146
프리드리히 ·························· 124
프톨레마이오스 왕 ················· 22
플라톤 ··························· 24, 184
플라톤 저작집 ······················ 114
플랑드르 ································ 67
플로렌스 ································ 67
피라미드 ································ 20
피렌체 ·································· 114
피스터(Pfister) ······················ 103
피스터 성서 ························· 103
피의 메리 ···························· 146
피터 쇠퍼 ···························· 142
필경사 ······················ 27, 28, 29
필사본 ······· 24, 25, 26, 27, 29, 30,
    31, 32, 49, 68, 115, 136, 139, 163,
    166, 184, 188
필사본 문화 ···················· 24, 32
필사본 성경 ························· 104
필사본 성서 ························· 133
필사생 ··································· 22
필사승 ································· 104

필사실 ··································· 28
필사자 ································· 115
필승 ································ 73, 74

【ㅎ】

하이퍼텍스트 ········ 181, 182, 183
학습 참고서 ························· 180
한국고활자책서목(韓國古活字册
    書目) ································· 78
한국 서지(Bibliographie
    Coréenne) ························· 79
한국어 성서 ························· 132
한글 ······························ 97, 188
한글대장경 ···························· 64
한글 소설 ···························· 163
한글 활자 ······························ 97
한나라 ···················· 46, 47, 54, 55
한문 ······································ 77
한서(漢書) ····························· 94
한스 루프트(Hans Rufft) ········ 124
한자 ······································ 15
함무라비 ································ 34
함무라비 법전 ························ 34
함부르크 ······························ 141
해동제국기(海東諸國記) ·········· 97
해동통보 ································ 84
해인사대장경 ························· 61

해인사대장경판 64	활자 주조 114
해적판 171	활자 틀 108
해적 행위 166, 169	활판 인쇄 69, 72, 99, 163
해체 이론 185	활판 인쇄술 29, 65, 73, 99, 102,
핼리팩스 109	110, 113, 115, 119, 121, 125, 133,
행상인 117	140, 155, 166, 178, 179
향교 98	황룡사 9층 목탑 61
헝가리어 성서 135	황신월장(黃神越章) 36
헨리 8세 144, 146, 147	효경대의 93
혁명법 170	후당 53, 54
현대 영어 143	후량 53
현장 49	후메리(Korad Humery) 103
형판(型版) 38	후스 140
혜능 49	후주 53, 54
혜민국 94	후진 53, 54
호가스 170	후한 10, 53, 54
호주본(湖州本) 대장경 57	흑해 38
호화 장정본 29, 32	흠정역 신약성서 150
화면책 186	흠정역 성서 148, 149, 150, 151
화면책 전자 출판 180	흠정 영역 성서 124, 143, 145
화면책 출판 180	흥덕사 77, 80
활자 72, 74, 75, 76, 83, 84, 89,	흥복사 52
90, 91, 97, 98, 134, 169, 181	흥왕사 59, 60
활자꼴 30	흥왕사판 대장경 61
활자 인쇄 72, 74, 75	히브리어 112, 128, 134, 141,
활자 인쇄 기술 87	143, 148
활자 인쇄 방법 85	히브리어 성서 134
활자 인쇄술 74	히에로니무스 128, 130, 151

「금강반야바라밀경(金剛般若波羅蜜經)」
1305년 청주 원흥사에서 목판으로 간행되었으며, 이 책이 발견됨으로써 1377년 청주 흥덕사에서 금속활자본『직지』가 나오기 이전에 목판 인쇄가 상당히 발달했음을 짐작할 수 있다.
[자료 : 청주고인쇄박물관〈한국 고활자 특별전〉]

『백운화상초록불조직지심체요절(白雲和尙抄錄佛祖直指心體要節)』
금속활자의 효시로 알려진 구텐베르크의 『42행 성서』보다 70여 년이나 앞서 인쇄되었으며, 2001년 9월 유니스코 세계기록유산으로 등재되었다.
[자료 : 청주고인쇄박물관]

현대에 재현한 파피루스
파피루스에 쓰여진 고대 문서는 문학, 철학, 수사학, 기독교에 관한 내용 등이 주로 그리스 어로 기록되어 있다.

책의 역사

2008년 12월 25일 1판 1쇄
2013년 1월 30일 1판 2쇄

저　자 : 부길만
펴낸이 : 이정일

펴낸곳 : 도서출판 **일진사**
www.iljinsa.com

140-896 서울시 용산구 효창원로 64길 6
대표전화 : 704-1616, 팩스 : 715-3536
등록번호 : 제1979-000009호(1979.4.2)

값 18,000원

ISBN : 978-89-429-1086-1

＊이 책에 실린 글이나 사진은 문서에 의한 출판사의
　동의 없이 무단 전재·복제를 금합니다.